성인 말더듬치료 핵심 포인트 100

Trudy Stewart 저 | 황윤경 · 조명기 공역

NAVIGATING ADULT STAMMERING
100 POINTS FOR SPEECH AND LANGUAGE THERAPISTS

학지사

　말더듬치료의 최종 목적에 대해 깊이 고민하게 된 계기는 아들의 말더듬이 걱정되어 내원한 아버지의 이야기 때문이었다.

　"저도 말더듬이 있거든요. 어렸을 때부터 십수 년 동안 언어치료를 통해 다양한 기술을 배웠고, 도움이 되긴 했죠……. 하지만 시간이 더 지나고 나니 말더듬치료의 진정한 종결은 내가 완전히 유창해지는 때가 아니라, 더 이상 말더듬 때문에 괴로워하지 않는 순간이라는 것을 깨달았습니다. 제 아들이 말더듬 때문에 괴롭지 않고 일상을 무난하게 생활할 수 있으면 좋겠습니다."

　언어치료사로서 만나 본 말더듬으로 내원한 성인들은 아동과는 다른 고유한 요구와 관점과 통찰을 갖고 있었다. 그들은 사회적 오해와 압박으로 인해 스트레스를 받고, 나름의 노력에도 불구하고 반복되는 말더듬 증상에 낙담한 경험을 들려주었다. 치료 과정과 효과에 의구심이 들면서도 동시에 마지막 끈을 붙잡는 듯한 절박한 심정을 내비치기도 했다.

　많은 말더듬 성인을 상담하면서 성인의 말더듬은 오랜 시간 뿌리내린 습관과 심리적 상처, 불안이 얽혀 있기 때문에 단순한 유창성 기술만으로는 해결하기 어렵다고 느꼈다. 언어치료사의 입장에서 이들을 이해하고 구체적인 중재 방법을 찾던 도중 발견한 이 책은 나에게 큰 전환점이 되었고, 치료에 대한 시야를 넓히는 계기가 되었다. 저자 Trudy Stewart는 실용적인 유창성 증진 전략과 정서적 지원 그리고 말더듬에 대한 인식의 변화라는 통합적인 접근 방식을 제시한다.

이 책은 검증된 유창성 기술과 심리적 지원 방법을 결합하여 치료사와 내담자 모두에게 도움이 되는 전체적인 접근법을 제공한다. 단순히 유창하게 말하는 것에 그치지 않고, 말더듬에 얽매이지 않고도 만족스러운 삶을 살아가는 데 목적을 두고 있다. 이 책을 통해 다른 언어치료사들도 말더듬치료의 전체적인 그림을 볼 수 있도록 시야를 넓히는 데 얼마간 도움을 받았으면 한다. 이 책이 나를 포함한 동료 언어치료사뿐만 아니라 말더듬을 이해하고 극복하려는 모든 사람에게 소중한 도움이 되기를 진심으로 기대한다.

2025년 2월

황윤경

언어치료사로서 경력을 쌓아 가던 어느 날, 한 강연자가 발표하면서 말을 더듬는 모습을 보았다. 강연을 들으며 순간순간 그의 긴장된 목소리에 안타까움을 느끼기도 했지만, 그가 전달하는 내용이 정말 유익해서 이내 다시 내용에 집중했다. 강연이 끝난 후 나는 그가 고군분투하며 자신의 삶을 이루어 온 과정이 어땠을지 상상했다. 그리고 많은 사람 앞에서 용감하게 연설을 마친 강연자의 모습에 깊은 감동을 받았다. 당시 나는 아동 말더듬치료를 몇 번 경험한 초보자에 불과했지만, 그 순간 언젠가는 말더듬 성인들에게 도움이 되고 싶다는 작은 바람을 품었다.

내게 이 책은 그 바람을 실현할 수 있는 소중한 자원인 듯하다. 저자 Trudy Stewart는 성인 말더듬을 이해하고 치료하는 데 필요한 다양한 측면을 포괄적으로 다루고 있다. 치료 기법을 구체적으로 설명하고, 실제 내담자의 사례를 풍부하게 제시하며, 말더듬 평가와 치료에 유용한 분석표와 그림 자료를 제공한다. 이론적인 원리와 함께 임상 현장에서 직접 적용할 수 있는 실질적인 도구와 전략을 제시하고 있다.

특히 인상 깊었던 내용은 저자가 말더듬을 바라보는 사회적 시선에 대해 언급하며, 오히려 당당하게 말을 더듬으라는 관점을 언급한 부분이다. 말을 더듬는 사람에게 따뜻하지만은 않은 이 사회 속에서 저자는 이러한 시선을 변화시키기 위한 용기 있는 접근 방식도 함께 제시하고 있다. 말더듬을 단순히 치료의 대상으로만 보지 않고, 사회적 시선의 변화를 통해 보다 긍정적이고 당당하게 바라볼 필요도 있다는 메시지는 매우 중요한 통찰이라고 생각한다.

번역 작업을 통해 나는 성인 말더듬에 대한 깊이 있는 이해를 얻었으며, 이 책이 제공하는 실용적인 접근 방식이 치료에 큰 도움이 될 것이라는 확신이 들었다. 말더듬 성인을 돕기 위해 애쓰는 치료사에게 실질적인 지원이 되었으면 하는 마음으로 이 작업에 임했다. 말더듬 성인들 또한 심리적 지원을 얻고 실제적인 책략을 배울 수 있기를 바란다.

2025년 2월

조명기

이 책을 쓰면서 초임 언어치료사 시절 기억이 떠올랐다. 영국 글래스고대학교에서 학업을 마친 후 학생 시절 마지막 해에 실습 기관이었던 리즈병원(Leeds General Infirmary)에서 일을 시작했다. 일반 언어치료사로서 내가 담당했던 환자는 의료진이 의뢰한 다양한 아동과 성인이었다. 학생 실습 외에는 별다른 경험이 없었기에 학부에서 배운 지식과 몇 가지 임상 역량에 의존했고, 종종 같은 부서에서 경험이 더 많은 동료에게 도움을 청했다.

한동안 선임 언어치료사의 모니터링과 감독을 받다가 점차 독립적인 업무를 하게 됐다. 이 과정은 벅찬 발전으로 느껴졌다. 그러나 관리 감독을 받는 상황이 거의 없어졌는데도 불구하고 마음대로 사용할 수 있는 도구가 제한되어 있어서 불확실하고 자신감이 부족했던 기억이 아직도 생생하다.

내담자를 처음 만날 때마다 긴장이 됐다. 특히 기존에 접하지 못한 언어를 사용하거나 언어 문제가 있는 내담자를 만날 때는 더 심했다. 경력 초기 몇 달 동안에는 내 앞에 앉아 있는 내담자보다 내가 더 불편하고 불안했던 경우가 많았다.

생생하게 기억나는 사례가 하나 있다. 후두절제술을 받은 60세 남성이 진료를 받으러 왔다. 후두절제술 이후 음성을 생성하기 위해 식도 기류를 이용하여 발성하는 방법을 알려 줘야 했는데, 이 방법은 내가 따라 해 본 적도 없는 방법이었다. 관련 문헌을 철저히 읽고, 학부 시절 수업 노트를 다시 검토해서 회기를 준비했다.

첫 만남은 순조로웠다. 환자는 친절하고 유쾌한 분이었다. 내 경험 부족을 눈치챘는지는 모르겠지만, 나를 편하게 해 주려고 많이 노력하셨다. 그분은 훌륭하게 식도 발성법을 배우고, 수술을 앞둔 개인이나 지역 단체에 자신의 수술과 후두 없는 삶에 대해 이야기를 들려주기도 하면서 우리의 치료는 잘 마무리됐다. 이 만남을 통해 특정한 증상에 대한 치료 경험이 부족하더라도 결과가 긍정적일 수 있다는 것을 배웠다. 이는 교과서나 기술에서 배운 지식 때문만이 아니라, 내담자의 긍정적인 태도와 동기, 우리가 발전시킨 관계 그리고 회기 동안 학습과 문제 해결에 대한 공감대 덕분이었을 가능성이 더 크다.

이 책을 집필하며 가장 먼저 떠오른 것은 초임 언어치료사 시절의 기억과 회고이다. 지금의 경험 많은 치료사로서 과거 초임 치료사였던 나 자신에게 해 주고 싶은 이야기를 담았다. 아직 숙련되지 않은 언어치료사들이 최고의 치료사로 성장하는 데 이 책이 도움이 되길 바란다.

단순히 내가 가진 지혜를 나열하는 데 그치지 않고 이제 갓 첫발을 내디딘 전문 언어치료사들도 이 책에 참여했다. 그중에는 최근 유럽 유창성장애 치료전문가 과정(European Clinical Specialization in Fluency Disorders: ECSF)을 졸업한 치료사들도 포함되어 있다. 그들에게 졸업 후 무엇을 가장 알고 싶었는지 물었고, 그 답변 중 일부를 작은 말풍선에 담았다.

이 책은 다양한 내용이 담긴 여러 장으로 구성되어 있고, 각 장에는 길잡이가 되어 줄 여러 포인트가 적혀 있다. 각 장들은 처음부터

끝까지 말더듬 성인이 주인공인 가상의 임상 여정을 다룬다. 먼저 언어치료사와 말더듬 성인 사이의 관계를 소개한다. 이 관계는 내담자만큼이나 중요한 요소이다.

초반에는 말더듬 관리에서 일반적으로 고려하는 여러 전략을 소개하고, 중반에는 말더듬 성인에게 제공할 수 있는 몇 가지 치료 옵션을 제시하면서 언어치료사와 내담자가 함께 상의해 치료 계획을 수립할 수 있도록 했다. 재발 관리는 치료에 대한 일반적인 내용에 포함되지 않고 별도의 장으로 구성했는데, 이는 말더듬 성인의 장기적인 언어치료 목표를 달성하는 데 중요하다고 생각했기 때문이다. 마지막 장은 지원 네트워크에 관한 내용으로, 말더듬 성인을 지원하기 위해 필수로 고려해야 하는 포괄적인 접근 방식을 담았다. 가까운 주변인들의 참여는 말더듬 성인이 언어치료를 통해 만들어 낸 변화가 치료실에만 머물지 않고 그들의 삶 전체로 확장되도록 돕는다.

책 전반에 걸쳐 이해하기 쉬운 문체를 사용하려고 노력했다. 말을 더듬는 사람이 정체불명의 '말더듬이'가 아니라 개인이라는 점을 강조하기 위해 말을 더듬는 사람에 대한 약어 PWS(Person Who Stammers, 말을 더듬는 사람)를 사용하기로 했다. 말을 더듬는 각 사람을 지칭하기 위한 대명사로 '그'를 사용했고, 치료사를 지칭하기 위해 '그녀'를 사용했다(역주: 번역 과정에서는 '그'는 '내담자' 혹은 '말더듬 성인'으로, '그녀'는 '치료사' 혹은 '언어치료사'로 지칭했다). 성별을 지칭하는 방식이 완벽하지 않음을 알고 있지만, 여성 말더듬 성인과 남성 언어치료사에게 양해를 구한다. 특정 성별을 배제하려는 의도는 없다는 점을 이해해 주길 바란다.

마지막으로, 말더듬이라는 이 특별한 분야에서 40년을 보냈지만 이 글을 쓰면서 다시 한번 말더듬이 엄청나게 복잡하다는 사실을 배웠다. 말더듬치료는 막 자격을 갖춘 치료사든, 경험이 많은 치료사든 누구에게나 어려운 일일 수 있다. 배워야 할 것도 많고, 아직 분별해야 할 것도 많다. 하지만 언어치료사는 언제나 말더듬 성인에게서 직접 최고의 지식과 경험을 배울 수 있다는 것을 명심하길 바란다.

이 책은 새로운 시리즈 『100 points for speech and language therapists』의 첫 번째 책으로 언어치료 학생들과 초임 말더듬 전문 가에게 말더듬 성인과 청소년을 지원할 때 탄탄한 기초를 형성하는 데 도움이 되는 100가지의 핵심 포인트를 제공한다. 각 장은 경험이 풍부한 치료사의 실용적이고 유용한 조언들로 구성되어 있다. 이 조 언들은 치료적 관계, 치료 접근법 및 추가 자료에 대한 안내를 제공 한다. 책 전반 곳곳에는 말더듬 전문가가 경력 초기에 알면 좋은 것 들에 대한 메시지를 삽입했다.

- 말더듬 성인을 치료의 중심에 두고, 그들이 선택할 수 있는 임 상적 선택을 소개한다.
- 필요에 따라 쉽게 접근할 수 있는 스타일로 작성했다.
- 말더듬 성인과 함께 일하는 치료사들의 실제 경험을 바탕으로 한다.

효과적인 실천을 지원하는 조언과 지침이 가득 담긴 이 책은 말더 듬에 처음 접근하는 모든 사람에게 필수적인 자원이 될 것이다.

차례

제3장

치료적 관계 • 49

제4장

초반 회기: 이야기 나누기, 목표 설정과 평가 • 59

제5장

치료: 일반적인 사항 • 69

제6장

치료: 유창성 수정 접근법('더 유창하게 말하기') • 107

제7장

치료: 말더듬 수정 기법('더 쉽게 말더듬기') • 133

제8장

치료: 자신 있게 말더듬기 • 159

제9장

심리학적 접근 • 193

제10장

효과 유지 및 역할, 행동 재출현을 대비하는 계획 수립 • 243

제11장

지원 네트워크 • 253

100 🗣 말을 더듬는 사람들

말더듬을 이해하고자 하는 사람이라면 반드시 시작해야 하는 출발선이 있다. 말더듬에 대해 '듣고 이해하려는 자세'이며, 말더듬 증상을 가장 많이 알고 있는 당사자의 시각에서 문제를 이해하려는 노력이다. 치료실에서 처음 만나는 말더듬 성인은 어떤 모습일까?

① 일반적인 특징

말을 더듬는 성인들은 일반인과는 다른 특성을 보일까? 연구에 따르면, 말더듬 성인은 일반인과 마찬가지로 지능, 감수성, 불안 등에 개인차를 보인다. Alm(2014)은 연구를 검토한 결과, 말더듬 성인이 '불안이나 유사한 특성으로 특징화되지 않는다.'고 밝혔다(p. 5). 그러므로 언어치료사는 특정한 문제나 특징이 모든 말더듬 내담자에게 공통으로 나타날 것이라고 가정해서는 안 되며, 말더듬 성인 개인마다 개별화된 방식으로 접근해야 한다.

② 자아 상태

내담자는 첫 번째 치료 회기에 기대와 흥분에 차서 치료 과정에 참여하고 싶은 열망을 느끼며 찾아오기도 하고, 반대로 희망이 거의 없는 어둡고 고립된 곳에 갇혀 있다는 느낌으로 치료를 시작하기도 한다. Stewart와 Brosh(1997)는 어려운 상황 속에서 치료를 받으러 온 일부 내담자의 사례를 소개하였다. 경험이 거의 없는 언어치료사가 이런 상황의 사람을 만나 그들의 상황을 듣는 것은 두려운 일이다. 그러나 어려운 상황의 내담자가 오히려 치료를 통해 가장 많은 것을 성취하고 놀라운 결과를 얻는 경우도 빈번하다. 모든 사람에게 해당하는 것은 아니지만 언어치료사는 희망의 위치에서 시작하고 긍정적인 표현을 사용하라고 권장한다. "지금 당장은 이 문제를 헤쳐 나가기 어렵더라도, 우리가 앞으로 함께 하면서 당신이 지금 예상하는 것보다 훨씬 더 많이 알게 되고, 더 많이 할 수 있고, 더 많이 성취할 수 있다는 것을 알게 될 것입니다."와 같이 언급하는 것이 도움이 될 수 있다.

③ 말더듬의 특징

말더듬의 특징을 단정하여 예상하기는 어렵다. 말더듬 성인은 개인마다 독특한 특징을 보이고, 일부는 심리적인 반응을 포함하기도 한다. 어떤 사람은 여러 가지 명료한 행동을 보이며 감춰진 문제가 거의 없다. 반면에 말더듬 행동은 거의 관찰되지 않지만 말더듬에 대한 다양한 심리적인 반응을 가진 사람도 있다.

Tichenor와 Yaruss(2019)는 말더듬 성인이 말더듬을 인식하고 경험하는 방식을 조사했다. 그 결과 연구 참가자들이 말더듬을 다양한 경로로 경험한다는 것을 발견했다.

- 다양한 감정(수치심, 죄책감, 걱정, 불안, 창피, 정서적 고통, 절망, 정서적 피로, 두려움 등)
- 인지(예측, 정체성, 자아 개념 및 자아 존중감과 관련된 생각 등)
- 행동(말소리의 연장, 반복 및 막힘 등 드러나는 특징, 말하지 않기를 선택하거나 말더듬이 예상되는 상황을 차단하는 것, 말더듬을 피하기 위해 특정 말소리나 단어를 대체하거나 다른 방법을 사용하는 것 등)
- 한계(대화에서 말하고 싶은 것을 말하지 못하는 것, 사회적 관계 형성의 어려움, 직업이나 교육과 같은 큰 삶의 기회가 제한되거나 거부당하는 것 등)
- 부정적인 결과

> 말을 더듬는 성인들에게 '말더듬'이란 일반적으로 다른 사람이 '저 사람은 말을 더듬네?'라고 인식하게끔 겉으로 드러나는 비유창성 행동 이외에도 훨씬 다양한 경험을 의미한다. 이 연구에서 참가자들은 말더듬이 예측되고, 막힌 느낌 또는 통제력 상실을 느끼며 말을 더듬는다고 보고했다. 이 감각은 사람들이 말하고 싶은 것을 말하는 데 어려움을 겪을 때 감정적, 행동적, 인지적으로 반응하는 양상에 뿌리 깊게 영향을 미친다. 이러한 반응은 사람들의 삶에 부정적인 영향을 주기도 한다. 이 연쇄작용은 청자의 부정적인 반응과 같이 화자의 통제를 벗어난 환경 요인에 의해 더욱 악화될 수 있다.
>
> (Tichenor & Yaruss, 2019, p. 4356)

말더듬의 외현적 특징으로는 문헌과 임상에서 다음과 같이 보고하고 있다.

- 반복: 파열음에서 흔히 나타나지만 다른 음소에서도 발생하는 경우가 있다.
- 말소리 연장: 자음과 모음
- 막힘, 막힘 연장: 말소리 산출이 멈추는 것. 후두나 조음기관 수준에서 발생할 수 있다.
- 강한 조음 마비(hard articulatory attack)
- 호흡 방해(breathing disruptions)
- 기타 구어산출 문제: 어−, 음− 같은 간투사(fillers)
- 얼굴, 후두, 횡격막 혹은 다른 신체 부위 긴장(예: 다리, 팔, 손)
- 부수적인 신체 행동 또는 이차 행동(예: 손 문지르기, 발 구르기)
- 눈맞춤: 적은 눈맞춤, 고정된 시선, 눈 깜빡이기
- 말속도 방해(예: 너무 빠르거나 느리거나 불규칙한 속도)
- 기타 비언어적 행동(예: 표정, 자세)

말더듬에 대한 내재적이고 심리적인 반응은 다음과 같다.

- 회피: 음소, 단어, 말, 상황, 감정, 관계, 자기 역할(Sheehan, 1970) 및 행동하려는 의향(Stewart, 2012)을 피하거나 꺼림
- 말을 더듬기 전, 도중, 후의 감정적 반응
- 도움이 되지 않는 생각: 비판, 부정, 죄책감, 자살 충동
- 도움이 되지 않는 감정: 자기 비하, 우울, 수치심, 자존감 부족, 자존심이 상함
- 도움이 되지 않는 행동: 방치, 고립
- 불안: 일반화 및/또는 특정화(예: 특정 상황, 특정 사람과 연관된 불안)

겉으로 드러나는 외현적 특징 및 내재적이고 심리적인 반응에 대한 포괄적인 논의는 Turnbull과 Stewart(2017)의 연구에서 찾을 수 있다.

④ 내담자가 언어치료를 찾는 이유

내담자와의 첫 만남을 준비하기 위해 언어치료사는 열린 마음을 유지해야 하며 내담자와 관련된 문제 또는 언어치료실을 찾아온 동기에 대해 어떤 가정도 하지 않아야 한다. 내담자의 실제 동기는 이전 의뢰된 기관에서 전달된 서류상의 내용과 다를 수 있다. 내 경험상, 말을 더듬는 사람들이 치료를 받기로 결정하는 이유는 결혼 서약을 어려움 없이 할 수 있기를 원하거나, 자녀에게 잠들기 전 이야기를 읽어 줄 수 있기를 원하거나, 말더듬에 대해 더 잘 이해하고 싶거나, 그것에 대한 심리적 반응을 다루는 것 등 매우 다양했다. 이러한 이유는 유창한 말하기를 달성하려는 욕구와 직접적인 관련이 있을 수도 있고 그렇지 않을 수도 있다.

⑤ 말더듬에 관한 지식

말더듬 성인은 본인의 문제임에도 불구하고 막상 말더듬에 관한 이론, 연구 및 치료 옵션에 대해 관련 지식이 거의 없을 수도 있다. 이를 언어치료사가 이해하는 것이 중요하다. 어떤 사람은 말더듬에 대한 언급을 적극적으로 회피하고, 말더듬 혹은 소위 '기적의 치료법'에 대한 글을 읽는 것을 의도적으로 피하기도 한다. 즉, 말더듬이

나 말더듬에 관련하여 아무것도 생각하거나 관심을 갖지 않는 방법으로 말더듬에 대처한다.

반면에 일부 말더듬 성인은 말더듬에 대해 광범위하게 조사하고 읽고 이에 대해 많은 질문을 할 수 있다. 이러한 경우 언어치료사는 최신 연구 및 온라인에서 사용할 수 있는 자료에 대해 잘 알고 있어야 한다. 이런 상황에서는 내담자와 함께 자료를 읽고 토론하여 말더듬에 대한 공감대를 형성하고 열린 의사소통을 시작해 볼 수 있다.

⑥ 말더듬을 이해하기

말더듬 성인은 말을 더듬는 것에 대한 자신만의 고유한 이해와 인식을 가지고 있다. 이러한 인식은 본인의 성격, 사고방식, 문화적 배경, 말을 더듬는 다른 사람과의 경험 및 본인이 말을 더듬는 것에 대한 다른 사람들(예: 가족, 선생님, 가까운 지인)의 반응을 포함한 다양한 요인에 의해 형성된다. 다시 한번 강조하자면 언어치료사는 말더듬 성인의 말더듬에 대한 이해 정도나 치료 목표에 대해 가정하지 않는 것이 중요하다. 열린 마음으로 각 내담자에게 접근하고 그들의 고유한 관점에서 기꺼이 듣고 배우는 것이 중요하다.

⑦ 말더듬치료를 이해하기

치료를 받으러 오는 성인 환자 중에는 이전 치료 경험이 전혀 없는 사람들도 있지만, 다수의 말더듬 성인은 어린 시절에 언어치료를 받은 경험이 있다. 이전 치료 경험이 '말놀이 선생님'과 했던 재미있는

게임을 추억할 정도로 즐거웠을 수도 있지만, 때로는 부정적으로 기억되기도 한다. 한 내담자는 언어치료에서 배운 기술을 치료실에서만 사용하고 다른 상황에서는 적용하지 못해 실패감을 느꼈다고 회상했다. 이러한 경험은 다수의 말더듬 성인이 겪는 문제이다. 이러한

> 나는 내담자의 과거 치료 경험에 대해 더 자세히 알아보는 방법을 알았더라면 좋았을 것 같다. 이제는 과거 치료 경험을 이해하는 것이 우리(언어치료사)가 치료 방향을 더 잘 수립하는 데 도움이 된다는 것을 알고 있다.
>
> – Francesca del Gado
> (사적 대화 중에서, 2021)

실패감, 부정적인 감정, 좌절 등은 말더듬 성인 치료 과정에 영향을 미치게 된다. 내담자는 앞으로 진행될 치료 방법과 본인이 겪을 감정을 지레 예상한다. 치료의 진행 방법과 본인이 겪게 될 것이라 예상하는 감정적 반응은 치료 과정의 장애물이 될 수 있다.

따라서 치료사는 내담자의 과거 경험을 파악하고 이에 대해 이야기할 기회를 제공하는 것이 중요하다. 환자의 우려와 걱정을 들어주고 이를 해소하는 시간을 통해 새로운 치료 경험의 기초를 다질 수 있다.

⑧ 치료 효과

초기 치료 회기에서 논의해야 할 중요한 주제는 말더듬 성인이 치료에서 이루고자 하는 것을 확인하는 것이다. 개인의 목표는 간단하고 특정 상황과 관련된 것일 수도 있다(예: 직장에서 전화 사용, 샌드위치 가게에서 유창하게 주문하기). 혹은 조금 더 복잡하기도 하다(예: 고립감 감소, 자신과 다른 이들의 말더듬에 대한 부정적인 반응을 관리하기). 언어치료사는 모든 말더듬 성인이 유창하게 말하기를 원하고,

말더듬에 대한 언어치료사의 생각을 내담자의 삶에 함부로 투영하지 말라.

– Jo Van der Sypt
(사적 대화 중에서, 2021)

그러므로 언어치료사의 역할은 '내담자에게 유창성 기술을 가르쳐 발화를 유창하게 하는 것'이라고 섣불리 가정해서는 안 된다. 이 책의 치료 섹션에서 내용을 다루겠지만, 말더듬 성인을 대상으로 다양한 해결책 옵션이 존재한다. 다양한 해결책이 있다는 것을 내담자가 인지할 수 있도록 하는 것이 언어치료사의 초기 임무 중 하나이다. 최근 들어 장애의 사회적 모델이 점점 인정을 받으면서(Hunt, 1966; Oliver, 1990), 말더듬 성인에게 제시되는 선택지 중 하나는 바로 열린 마음으로 말더듬을 수용하고 다른 사람에게 말더듬에 대해 교육하는 것이다('5장 Point 45' 참조). 원하는 목표가 무엇인지 확립되어야 차후 언어치료의 평가와 종합적인 중재 프로그램을 적절하게 수립하는 것이 가능하다.

⑨ 변화의 단계

어디서부터 치료를 시작해야 할지 고민이라면, 치료사는 먼저 내담자가 본인의 변화 진행 과정 중 어떤 단계에 위치하고 있는지 파악해야 한다. 사람이 변화하는 단계를 이해하기 위해 Prochaska와 DiClemente는 참여 준비 단계를 포함하여 여섯 단계 모델을 제시하였다.

'변화의 단계(Stages of change)' 모델은 내담자가 변화를 받아들일 준비가 되었는지 확인하고 내담자에게 조언을 할 때 도움이 된다. 이로써 내담자가 적극적인 변화를 이루기 위한 적절한 전략을 선택할 수 있다. 간혹 말더듬이 재발하거나 치료 효과가 잘 유지되지 않는 시기일지라도 '변화의 단계'를 적용하면 이 과정이 내담자나 치료사에게 실패가 아닌 중요한 학습 과정임을 인식할 수 있다. 그 결과 치료의 결과나 효율성을 향상시킨다.

변화의 단계는 다음 단락에서 요약하였다. 각 단계에 대한 치료 아이디어도 함께 제시하였다. 초임 언어치료사는 추가로 다음의 연구를 읽어 볼 것을 권장한다.

> 가끔 어떤 내담자는 '고민 전 단계 (Precontemplation)'에 있다. 이런 경우에는 본격적인 언어치료를 시작하기 너무 이르다. 어떨 땐 그냥 다른 사람이 권하니까 치료를 받아 보겠다고 하는 경우도 있다. 치료는 천천히 시작해도 괜찮으며, 치료를 시작하고 싶은 목표와 이유에 대해 충분한 시간을 가지고 이야기하면 된다는 것을 초임 시절에는 미처 깨닫지 못했다.
>
> – Monica Rocha
> (사적 대화 중에서, 2021)

Stewart in press 2022; Turnbull 2000; Prochaska & DiClemente 1982, 1992; Prochaska et al., 1992; McConnaughy et al., 1983.

고민 전 단계(Precontemplation)

이 단계에서 내담자는 자신이 다르게 생각하거나 느끼거나 행동해야 한다는 것을 인식하지 않는다. 아직 말더듬에 대해서 고민하기 이전이라는 것은 내담자가 실제로 문제가 있다고 느끼지 않거나 혹은 부인하는 것일 가능성도 있다. 또는 변화를 원하지 않거나 바꿀 수 없는 문제라고 생각할 수도 있다. 이 단계에서 치료를 받으러 오는 내담자는 본인의 의지보다는 다른 사람(예: 파트너, 친구, 친척 등)이 상담을 한 번 받아 보라고 권유해서 내원한 경우가 많다.

이 단계에서 언어치료를 진행하는 것은 어렵다. 대신 공감하기, 반영하여 듣기, 선택지 제공하기, 역설적 질문하기("현재 생활하시는 대로 계속 살면 어떻게 될까요?"), 희망 심어 주기, 내담자가 변화를 방해하는 요소로 인식하는 이슈를 탐색하는 것 등을 시도해 볼 수 있다.

고민 단계(Contemplation)

이 단계에서 내담자는 어떤 문제가 존재한다는 것은 받아들이지만, 상황을 해결하기 위해 무엇을 해야 할지 망설인다. 현재 상황과 미래의 변화 모두 두려워하는 시기이다.

이 단계에서는 다음과 같은 전략을 사용할 수 있다.

> 가끔은 도움을 받는 것에 대해 보수적인 사람이 있다는 것을 진작 알았더라면 좋았을 것이다. 이런 내담자는 말을 더듬고 싶지 않으면서도 동시에 본인의 생각이나 행동을 변화시키고 싶어 하지 않는다.
> – Jo Van der Sypt
> (사적 대화 중에서, 2021)

- 이 단계에서는 내담자가 자신의 양가감정을 이해하고 결정을 내리도록 이끌어 주는 대화가 필요하다.
- 자가평가 기법(즉, 변화의 의미를 살펴보고, 그대로 있을 때와 변화할 때의 장단점을 고려하는 기법)을 사용하는 것이 좋다.

준비 단계(Preparation)

이 단계에서는 변화하려는 의지가 있으며, 실제로 변화를 시도하는 경우도 있다. 이 단계는 단기적일 수도 있는데, 치료사와 내담자가 이 준비 상태를 놓치지 않고 인식하여 이 기회를 살리는 것이 중요하다. 이 단계를 놓치면 다시 이전 단계로 퇴행할 가능성이 있다.

치료 전략은 다음과 같다.

- 내담자가 말더듬과 관련하여 자신이 어떻게 느끼고 생각하는지에 대해 인식하도록 돕기
- 결정이나 다짐, 약속을 함으로써 스스로 변화하기를 선택하도록 돕기

행동 단계(Action)

행동 단계에서는 인지, 감정, 행동의 변화에 대한 인식이 생긴다. 이러한 변화는 치료사와 가까운 주변인들이 알아채거나 혹은 내담자 자신만 인식할 수도 있다.

이 단계에서 치료사는 내담자가 시험(experiment)해 볼 수 있는 행동의 선택지 또는 대안을 제시하고, 이 시험적인 행동을 가능한 한 오랫동안 지속하여 긍정적인 변화를 유지하도록 하는 것이 중요하다. 언어치료사는 이러한 시험적인 행동을 시도하는 과정 중에서 겪는 어려움을 지지하고 인정하는 역할을 한다.

치료 전략은 다음과 같다.

- 행동 단계에서 역효과가 일어나거나 내담자가 부정적인 생각이나 감정이 들 때, 둔감화, 이완 및 자신감 강화 훈련을 사용한다.
- 자신의 말더듬에 대해 더 개방적인 태도를 갖는다. 주변 사람 중에서 몇몇을 지정하여 내담자가 지속적으로 치료 기법을 실행하도록 종종 상기시켜 주는 역할을 해 달라고 부탁하는 것도 도움이 된다.
- 변화를 성공적으로 이루었을 때 단계별 보상 방법을 구축한다.

유지 단계(Maintenance)

유지 단계는 성취한 성과를 유지할 수 있도록 대비하는 단계이다. 이 단계에서 내담자는 자신이 성취한 변화를 유지하기 위한 전략을 개발한다.

치료 전략을 살펴보자.

내담자는 초기 치료 단계에서부터 아이디어나 도구들을 수집하여 전략집(tool box)을 만드는 것이 좋다(전략집을 개발하는 보다 자세한 설명과 예시는 '10장 Point 92' 및 '유지 전략' 챕터 참조).

종결 단계(Termination)

종결 단계란 말더듬 성인이 치료에서 벗어나는 시점으로 생각하는 것이 적절하겠다. 내 경험상, 내담자가 본인이 준비되었다는 것을 스스로 느끼는 경우가 많다. 내담자는 새로운 취미나 사회 그룹에 가입했다는 등의 생활 변화를 치료사에게 알리면서 새로운 우선순위가 생겼고 치료에 쓸 시간이 적어졌다고 표현한다. 그렇게 자신의 삶을 이어 간다.

📖 참고 문헌

Alm, P. A. (2014). Stuttering in relation to anxiety, temperament and personality: Review and analysis with focus on causality. *Journal of Fluency Disorders, 40*, 5-21.

Hunt, P. (1966). *Stigma: The Experience of Disability*. London: Geoffrey Chapman.

McConnaughy, E. A., Prochaska, J. O. & Velicer, W. F. (1983). Stages of change in psychotherapy: Measurement and sample profiles. *Psychotherapy: Theory, Research & Practice, 20*, 368-375.

Oliver, M. (1990). *The Politics of Disablement*. London: Macmillan Publishers Limited.

Prochaska, J. O. & DiClemente, C. C. (1982). Transtheoretical therapy: Toward a more integrative model of change. *Psychotherapy Theory Research & Practice, 20*, 161-173.

Prochaska, J. O. & DiClemente, C. C. (1992). Stages of change in the modification of problem behaviors. In M. Herson, R.M. Eisler & P.M. Miller (eds.), *Progress in Behavior Modification, vol. 28*. Il: Sycamore.

Prochaska, J. O., DiClemente, C. C. & Norcross, J. C. (1992). In search of how people change: Applications to addictive behaviors. *American Psychologist, 47*, 1102-1114.

Sheehan, J. G. (1970). *Stuttering: Research and Therapy*. New York: Harper & Row.

Stewart, T. (2012). Avoidance in adults who stutter: A review and clinical discussion. *Polish Forum Logopedyczne, 20*, 20-29.

Stewart, T. (In press, proposed publication date 2022). The narrative of personal change. In K. Eggers & M. Leahy (eds.), *Case Reports in Stuttering and Cluttering*. London: Routledge, Taylor & Francis Group.

Stewart, T. & Brosh, H. (1997). The use of drawing in the management of adults who stammer. *Journal of Fluency Disorders, 22*(1), 35-50.

Tichenor, S. E. & Yaruss, J. S. (2019). Stuttering as defined by adults who stutter. *Journal of Speech, Language & Hearing Research, 62*(12), 4356-4369.

Turnbull, J. (2000). The transtheoretical model of change: Examples from stammering. *Counselling Psychology Quarterly, 31*(1), 13-21.

Turnbull, J. & Stewart, T. (2017). *The Dysfluency Resource Book*, 2nd edition. London: Routledge.

📖 기타 참고 자료

Cheasman, C., Everard, R. & Simpson, S. (2013). *Stammering from the Inside: New Perspectives on Working with Young People and Adults*. Havant: J.R. Press.

언어치료사

⑩ 어떤 치료사가 되어야 하는가

　초임 언어치료사는 말더듬 성인 혹은 그 밖의 언어 장애 환자와 상호작용할 때 '나는 어떤 치료사가 되어야 할까?'라는 의문이 들 수 있다. 답은 간단하다. 진정한 본인이 되어라. 본인이 진정성 있게 일할 수 있도록 하는 것이다. 내가 슈퍼바이저로 일할 때, 2학년 학생 임상언어치료사가 인턴으로 나와 함께 일하고 있었다. 그 시기에 한 선배 학자가 방문한 적이 있는데, 선배는 인턴 치료사가 환자와 상호작용하는 방식에 대해 비판적이었다. 선배는 그 인턴에게 "자신을 보여 주는 것이 아니라, 치료사의 역할을 수행해야 한다."고 조언했다. 이에 나는 분노하고 혼란스러워졌고, 이러한 인식은 여전히 내가 환자와 상호작용하는 방식에 대한 이해와 상반되는 의견이다. 나의 경우 치료사는 환자와 대화할 때 기본적으로 본인 자신이어야 하며, 그 외의 비언어적 신호, 의사소통 스타일이 내담자에게 미칠 영향을 인식해야 한다고 생각한다. 자신에게 진실한 태도를 통해 본질적으로 치료와 가까워질 수 있다. 저명한 심리학자인 Rogers의 이론에서 말하는 '참된 나'의 진정성을 갖추는 것이다.

　　나는 임상에서 때때로 내담자를 적극적으로 도발하고 비난하기도 하고, 내담자나 가족들과 함께 울기도 하고 웃기도 했다. 그러는 와중에 안전하고 적절하고 치료적인 환경에서 나 자신에 대한 이야기를 하기도 했다. 이런 행동은 의사소통자로서 자신의 역할이 아닌 자신이 되는 것을 의미한다. 초임 치료사에게 이 조언은 어려운 도전일 수도 있지만, 치료사의 역할이 곧 자기 자신이 되는 것은 내담자와 진정한 관계를 구축하는 확실한 방법이다. 이는 효과적인 치료의 기본이 된다.

⑪ 말더듬 성인이 언어치료사에게 바라는 점

　　성인 내담자들이 언어치료사에게 바라는 여러 가지 가치를 조사한 연구가 있다. Haynes와 Oratio(1978)는 치료사의 능숙한 대인관계 능력을 필수로 보고, 진정성 있는 공감(즉, 신중하고 수용적인 방식으로 경청하는 것), 유머 감각 또한 중요하게 여겼다. 무엇보다 가장 중요한 것으로 특정한 역할로 꾸미지 않는 것이 필수적임을 발견했다. Crane와 Cooper(1983)도 단호함, 유연성, 자신감이 임상 효과에 긍정적인 요소로 평가되었다고 밝혔다. 마찬가지로 Fourie(2009)의 연구에서는 후천적 의사소통 및 삼킴장애가 있는 성인 내담자의 치료적 특성에 대해 보고했다. 여기에는 이해심, 박식함, 영감을 주는 것, 자신감, 안심시키기, 실용성, 동기 부여 등이 포함되었다.

> 처음에는 치료사가 모든 정답을 알고 있어야 한다고 생각했다. 지금은 정답을 알거나 신경 쓰지 않는 것이 낫다고 생각한다.
> – Phil Schneider
> (사적 대화 중에서, 2021)

12 치료사의 여정

언어치료사도 내담자와 마찬가지로 계속되는 여정을 걷고 있음을 인정하는 것이 중요하다. 치료사는 언어치료에 대한 지식을 배우고, 언어치료사가 되는 방법을 배우며, 말더듬의 다양한 형태와 각 환자에게 맞는 여러 방법을 배우고 있다. 그 여정에서 다른 사람들보다 자신감이 덜 느껴지는 시기도 있을 것이며, 놀라울 정도로 일이 잘 풀리는 시기도 있을 것이다. 그 과정에서 자신이 모르는 부분에 대해 솔직하게 인정하는 것은 환자에게 위안을 주고 전문가로서의 소임을 다하는 훌륭한 방법이 될 수 있다.

13 내담자 중심 접근

치료사가 내담자 중심 접근 방식을 사용하는 것이 중요하다는 의견은 대체로 일치한다(Rogers, 1967). 그런데 실제로 내담자 중심 접근이란 무엇을 의미할까? 만약 내가 치료시간에 말더듬 성인에게 지루함이나 짜증을 느낀다면 그것은 내담자 중심이 아니다. '점심 뭐 먹을까?' '집에 가기 전에 그 보고서를 마칠 수 있을까?'와 같은 딴생각을 하고 있다면 역시 그 시간은 내담자 중심이 아니다.

치료사가 내담자 중심이라면, 지금 치료실에서 가장 중요한 사람은 말더듬 성인이다. 치료사는 내담자에게 완전히 집중하고 있으며 다른 주제의 생각은 나지 않을 것이다. 치료사는 내담자의 걱정을 인식하고 있으며, 그가 물을 필요로 하는지, 펜과 종이가 필요한지, 휴지나 더 편한 자리가 필요한지 알고 있어야 한다. 내담자가 하는 말에 집중하며, 그가 사용하는 주요 단어나 구절을 종이에 적어 두어 나중에 대화할 때 기억하고 사용하려고 할 것이다.

이것이 치료사가 그저 편하게 앉아서 듣고만 있는 것처럼 보일 수 있지만, 우리가 나중에 살펴볼 치료적 관계(제3장)에서 볼 수 있듯이, 언어치료사가 가진 말더듬에 대한 모든 지식과 이해를 사용하고 적용하는 것이기도 하다. 이를 통해 치료사는 의문을 제기하고, 새로운 중요 포인트를 제시하며, 실험과 검증을 위한 가설을 제안한다.

14 경청

언어치료사가 갖추어야 할 가장 중요한 기술은 효과적으로 듣는 능력이다. 치료 회기에서 내담자가 80% 이상 이야기하는 것이 좋다. 그렇다면 치료사는 20%를 말하고 80%를 들어야 한다. 적극적인 경청은 말더듬 성인의 이야기를 듣는 것뿐만 아니라 그 이야기가 전달되는 방식과 때로는 말하지 않는 부분까지도 듣는 것을 포함한다. 나는 언어치료학과 실습생을 가르칠 때마다 '토끼처럼' 경청하라고 제안한다. 즉, 온전히 집중하고, 조용히 있으며, 비유적으로 표현하자면 마치 공기를 감지하는 것처럼 집중하는 것이다. 적극적인 경청은 또한 섬세한 반응을 보이는 것을 포함한다. 예를 들어, 내담자가 자신의 변화 과정에서 중요한 말을 하거나 강화, 강조 또는 향상이 필요한 단어나 구절을 표현할 때, 치료사는 고개를 끄덕이거나 다양한 방식으로 그 내용을 확인하여 주목하게 한다.

경청은 또한 내담자가 이야기할 수 있는 공간을 만드는 것을 포함한다. Campbell(2020)은 언어치료사가 자신에게 시간을 내어 준 경험을 다음과 같이 설명했다.

"한번은 내 말더듬에 대해 별로 생각하지 않고 치료 회기에 참석했습니다. 나는 막 중요한 의대 시험을 치렀는데 그 당시에는 떨어졌다고 생각했어요. 나의 치료 회기는 원래 40분이지만 그날 나는 2시간이 지나서야 치료실에서 나왔어요."

"우리는 내 말더듬에 대해 거의 이야기하지 않았고, 대신 언어치료사는 내가 불안해하는 시기에 딱 필요했던 지지와 위로를 제공하고 경청해 주었습니다. 나는 그 회기가 내 기분을 북돋우고 신경을 안정시키는 데 큰 도움이 되었다고 생각해요. 지금도 매우 감사하죠."

가끔 말을 더듬는 사람이 자신의 말더듬에 집중하지 못하고 치료받는 상황이 있다. 그러나 그렇다고 그 회기가 무의미한 것이 아니다. 치료사는 여전히 앞에 있는 사람의 이야기를 경청하고 그들의 삶의 여정에서 조금이나마 도움을 줄 수 있다.

(Campbell, 2020)

15 수용과 긍정적인 존중

한 학회 발표에서(Stewart, 2005), 나는 언어치료사가 내담자에게 '봐, 너는 이렇게나 훌륭해!'라고 말하며 은유적으로 거울을 들고 있는 모습을 설명한 적이 있다. 언어치료사는 내담자의 이야기에서 내담자만의 긍정적인 자질을 발견하고 언급한다. 그렇게 함으로써 말더듬 성인이 더욱 스스로를 성장시키고 궁극적으로 자신에 대해 더 나은 감정을 느낄 수 있게 한다.

때로는 치료사가 자신과 내담자의 신념이 다름을 느끼고 내담자를 수용하지 못하는 경우도 있다. 치료사는 대화에 불편함을 느끼고 주제를 돌리기도 한다. 치료사는 내담자의 이야기에 대한 자신의 반응을 인식하고 필요하다면 도움을 요청해야 한다.

언젠가 본인이 말을 더듬는 것에 대해 분노를 표출하는 한 내담자를 본 적이 있다. 치료 회기 동안 그의 분노에 대한 근본적인 이유를 탐구하고 있었다. 어느 날 그는 자신이 매우 분노하여 다른 사람을 폭행했다는 이야기를 했다. 평화주의자인 나로서는 그 행동을 도저히 이해할 수 없었다. 그러나 치료 회기였으므로 나는 그의 행동을 받아들였다. 함께 그 상황에 대해 의미를 파악하고 그가 화를 조절하고 해결할 방법을 찾기로 했다. 결국 그는 언어치료와는 별개로 분노 조절에 대한 상담을 추가적으로 받기로 했다.

16 공감

'공감'은 내담자들에게 가장 도움이 되는 상담 기술 중 하나이다(Egan, 2001). 공감을 통해 치료사는 내담자의 경험과 연결되며 교감한다. Brown(2018)은 성공적인 공감을 위한 다섯 가지 핵심을 소개한다.

- 상대방이 보는 방식으로 세상을 바라보라. 즉, 상대방 관점으로 이입해 보라.
- 선입견을 가지고 평가하지 말라.
- 상대방의 감정을 이해하라.
- 상대방의 감정을 이해했음을 전달하고 소통하라.
- 마음챙김(mindfulness)을 실천하고 주의를 기울이는 연습을 하라.

저명한 개인구성심리학자(Personal construct psychologist)이자 작가인 Mair(1989)는 내담자를 이해하는 것이란 '그 사람의 경험이라는 폭포 아래에 서서 그것이 당신 위로 쏟아져서 흠뻑 젖는 것'이라고 표현한다.

이해한다는 것은

너 자신을 배울 위치에 놓는 것이다.

배우고자 하는 상대로부터

배우고자 하는 대상으로부터

경험으로부터

영향을 받고 변화하는 위치에서

겸손해져라.

그 사람의 경험 아래에 서는 것을 의미한다.

멀리 떨어져 있거나

다르거나

우월한 존재거나

분리되거나

우월해지거나

너무 전문적이라 접근할 수 없는 거리에 있지 않도록.

이해란

흠뻑 젖어 들고

세차게 씻길 뿐만 아니라

넘쳐흐르게 하는 것.

상대방의 모습을

내 모습을 내어 주는 것.

그리고 스스로 상대의 모습을 취하면서

그것으로부터 깨달음을 얻으려는 것.

이해란

학생이 되는 것.

상대를 소중히 여기며

상대에게 힘을 실어 줄 만큼 관심을 기울이는 것.

(p. 157)

따라서 언어치료사는 어떤 객관적이고 단절된 관점이 아닌 개인적 관점에서 내담자의 경험에 참여한다. 치료사는 주의 깊게 집중하고 듣는 것으로부터 시작한다. 그런 다음 이 과정에서 내담자의 입장에서 서서 그들이 느끼는 방식을 받아들이고, 그의 생각과 감정을 긍정적으로 강화하고 확인한다.

 17 긍정적인 확언

긍정적인 확언은 내담자가 변화 과정에 기여하는 말을 했을 때 이를 강조하기 위해 사용하는 언어치료사의 문장 표현이다. 또한 성공이나 성취를 확인하는 역할도 한다. 긍정적인 확언은 다음과 같은 경우에 사용될 수 있다.

• 특정 목표를 달성했을 때 진행 상황을 나타내기 위해("여기까지 얼마나 많은 노력이 들어갔는지 알고 있어요. 이제 당신의 노력이 결

실을 맺고 있네요.")

- 대화에서 내담자가 어려운 이야기를 공개했을 때("○○에 대해 이야기해 줘서 고마워요. 잘하셨어요.")
- 내담자가 인식하지 못하는 맹점이 있는 경우
- 특정 기술과 능력을 강조하여 앞으로 나아갈 수 있도록 유도할 때("그 매우 긴장된 상황에 대해 이야기하면서도 눈을 잘 마주쳤다는 걸 알고 있나요? 그것은 당신에게 큰 변화예요. 어떻게 그렇게 할 수 있었어요?")

18 요약하기

치료사는 요약이라는 기술을 통해 내담자의 두 가지 이상의 생각, 감정 또는 행동을 모아 연결시켜 준다. 이로써 내담자가 혼자서는 통찰하지 못했던 것들을 발견할 수 있다. 예를 들어, "당신은 당신의 여자 친구와 말더듬에 대해 '터놓고 이야기하려고' 노력하고 있지만, 당신은 그녀가 '자리를 박차고 나가 버릴까' 두려워합니다." 라는 말에서 치료사는 내담자의 표현을 그대로 인용하여 말더듬 성인이 말더듬 증상을 당당히 밝히는 것에 어려움을 느끼는 부분과 여자 친구의 반응을 예단하는 행동을 연결할 수 있다. 요약할 때에는 가능한 한 내담자 자신이 사용한 말과 구절을 그대로 인용하는 것이 중요하다. 이 방법은 내담자를 자신의 이야기의 저자이자 권력과 통제권을 가진 사람으로 강화한다. 이것은 치료 관계에 있어 중요한 부분이다.

19 유머

Manning(2009)과 Agius(2018)는 말더듬치료의 맥락에서 유머 감각과 창의적인 언어 사용의 중요성을 강조하였다. 유머는 친밀감을 강화하고 협력을 촉진하며, 내담자의 대처 능력을 향상시키고 또한 상황을 대처하는 대안적인 방법이 되기도 한다. 적절히 사용하면, 어려운 문제에 대해 토론할 때 긴장을 해소하는 데 유용하다. 따라서 치료 회기에서 유머를 사용하는 것을 두려워하지 말아야 한다. 그것은 말더듬 성인과의 관계를 강화하고, '치료 과정에서 윤활유 역할'을 하며(Agius, 2018), 심지어 치료사도 함께 기분이 좋아진다!

유머를 어떻게 개발할 수 있는지 알아보려면 McGhee의 책 『Humor as Survival Training for a Stressed Out World』(2010)에서 일곱 가지 유머 습관 프로그램을 참조하길 권장한다.

20 침묵

경험이 많지 않은 치료사에게 회기 중 침묵이 흐르는 것은 견디기 어려운 상황이다. 경험이 적은 언어치료사에게 침묵은 자신이 뭔가 불확실하거나 실패했거나 실수했다는 책임으로 느껴질 수 있다. 그래서 종종 대화의 공백을 메우기 위해 말을 꺼낸다. 그러나 침묵은 치료적인 효과를 지닌다. 어려운 질문이나 생각해 볼 문제에 대해 언급하는 경우, 내담자는 자신의 반응을 처리할 시간과 공간이 필요하다. '토끼처럼 듣기'('2장 Point 14' 참조)를 수행할 때, 치료사는 말더듬 성인의 생각이 진행 중이라는 것을 관찰하고 언제 말을 하는 것이 적절한지 감을 잡아야 한다. 내 경험상 이러한 조용한 순간에서 심오한 의미가 발견되는 경우가 많다. 때로는 이러한 순간에서 중요한 깨달음을 얻기도 한다.

침묵을 도구로 사용할 수도 있다. 예를 들어, 말더듬 성인이 논의 중인 주제에서 동등하게 발언하도록 유도하고, 그가 자신의 감정이나 생각을 표현하도록 격려하고, 그의 이야기에서 이전에 언급하지 않은 내용을 스스로 추가하여 보강하게끔 한다.

초임 치료사에게는 일단 단순히 주의 깊게 앉아서 환자가 자신의 생각을 처리하기를 기다리는 데 익숙해지는 것이 도움이 된다. 침묵에 대한 내성을 기르는 것이다.

또한 치료사는 내담자에게 침묵에 관한 직접적인 질문을 해 볼 수도 있다. 언제 생각할 시간이 필요한지("지금 이 문제에 대해 잠시 멈추고 생각해 볼까요, 아니면 이따가 멈출까요?"), 그에게 필요한 시간("잠시 몇 분 생각해 보시겠습니까?")처럼 말이다. 이러한 노골적인 질문을 함으로써 침묵이 조율되고 결과적으로 치료사는 내담자의 필요에 맞게 의사소통을 더 적절하게 조절할 수 있다.

㉑ 반영 기술

Wampold(2015)에 따르면, 효과를 내는 치료사와 그렇지 못한 치료사 간 차이를 만드는 두 가지가 있다. 바로 '자신의 전문성에 대해 더 자주 의심하는 것'과 '다양한 치료 기술을 연습하는 데에 치료 외 시간을 더 활용하는 것'이다.

첫째, 자기 자신에 대한 의심을 표현하는 것은 불명확한 이미지를 주고 자신감이 부족한 것으로 인식될 수 있다. 그러나 이러한 망설임을 표함으로써 치료사는 자신의 치료 과정을 비판적인 시선으로 바라보게 된다. 그렇기에 자기 반성은 장려되어야 한다. 이런 메커니즘을 통해 치료사는 성장하고 성숙해질 수 있다.

둘째, 치료 외 시간에 연습하는 것은 혼자 일하는 치료사들에게는 어려운 일이다. 그러나 동료와 대화하고, 스터디 그룹에 참여하고, 넓은 범위의 독서를 하면 어느 정도 긍정적인 결과를 얻을 수 있다. 가까운 주변인들과 함께 정신수양을 하고 적극적인 경청 기술을 사용하면 모두에게 유익하다. 또한 치료사에게 유용한 기술들을 연습할 수 있다.

임상 관계에서 반영(reflection)은 어려운 기술이다. 정기적으로 슈퍼비전을 받으며 계발되어야 한다. 슈퍼비전을 통해 치료사는 자신과 내담자의 상호작용을 고민하게 된다. 이러한 반성은 향후 치료 과정에 영향을 미칠 수 있다.

㉒ 특정 기술

Stewart와 Leahy(2010)는 말더듬 성인과 훈련할 때, 증거 기반의 치료를 하는 치료사의 중요성에 대해 논의한다. 이를 위해 치료사는 다음과 같은 여러 기술을 가지고 있어야 한다.

- 가설 검정 접근법(hypothesis testing approach)을 채택하는 능력
- 다른 이들의 치료법을 평가할 수 있도록 증거 기반 자료에 접근
- 적용 가능한 증거를 평가하기 위한 높은 수준의 비판적인 평가 기술
- 내담자의 상황을 관찰하고, 의미 있고 동기 부여가 되는 관리 옵션을 추천

• 치료 과정의 역학을 기록하고 반성

 말더듬 성인을 향한 언어와 메시지

　치료사는 내담자와 이야기할 때, 비판적이지 않고 수용적인 태도를 자신의 언어에 녹여 내야 한다. 내담자의 말, 유창성, 말더듬의 정도에 대해 이야기하는 방식도 비판적이어선 안 된다.

　유창함은 좋은 것도, 나쁜 것도 아니다. 말더듬 또한 좋은 것도, 나쁜 것도 아니다. 따라서 치료사는 "잘했어요. 말을 더듬지 않고 말하셨네요." "오늘 말더듬이 더 심해지셨네요."와 같은 말을 하지 않는다. 내담자가 더 유창하게 말하길 원한다고 하여, '더 유창하게 말하기' 접근 방식을 선택한 경우를 상상해 보자. 그러면 치료사는 회기 중 내담자의 비유창성이 유창하게 발전되었다고 칭찬할 것이다. 그런데 얼마 후, 내담자는 유창성을 위해 말의 자연스러움을 포기하는 것은 너무 큰 대가라고 느낀다. 다른 방법을 찾고 싶어 한다. 내담자는 이제껏 유창함을 칭찬해 온 이 치료사에게 다시 가서 다른 접근 방식을 요청할 수 있을까?

　치료사가 피드백 내용을 바꾸어서 내담자가 행하는 개방적인 말더듬을 칭찬한다면 신뢰가 갈 수 있을까? 치료가 가능할까?

　대신 치료사는 특정 접근법을 언급하면서 그 기술에 대해 구체적으로 설명해야 한다. 내담자의 열린 태도(open mind), 호흡, 긴장 수준, 회피하지 않는 태도(non-avoidance) 등과 같은 것들이다. 그리고 항상 말하는 방식보다 말하는 내용이 더 중요하다고 강조해야 한다.

24 말더듬 커뮤니티를 위한 대사관 역할

마지막으로, 성인과 아동을 대상으로 말더듬치료를 하는 치료사들, 특히 이 분야에 대한 전문 지식을 가진 사람들이라면 더 넓은 역할을 해야 한다고 생각한다. 우리는 말더듬 커뮤니티의 앰배서더(홍보대사)가 되어야 할 책임이 있다. 그들의 활동을 지원하고, 말더듬 관련 자선 단체와 제휴 단체를 홍보해야 한다. 말더듬 오픈 데이와 국제 말더듬 인식의 날(International Stuttering Awareness: ISAD, 10월 22일) 및 매년 열리는 국제 말더듬 온라인 회의와 같은 행사에 기여해야 한다. 그러나 치료사는 내담자를 대신해서 말하지 않도록 조심해야 한다. 치료사는 치료 전문가일 수 있지만, 말더듬의 전문가는 아니다. 말더듬을 경험하는 사람들이 진정한 전문가이다(이 부분에 대한 자세한 내용은 '8장'에서 확인하라).

영국에는 Action for Stammering Children라는 단체가 있다. 이들은 '스탬배서더(Stambassadors)'라는 사람들이 다양한 직업에서 말더듬을 겪으면서 활동하는 모습을 담은 훌륭한 영상자료를 제작해 왔다. 이를 통해 말더듬을 가진 성인이 자신이 원하는 모든 것이 될 수 있다는 것을 보여 주고 있다.

📖 참고 문헌

Agius, J. (2018). Shifting perceptions: Using creativity and humor in fluency intervention. *Forum Logopedyczne, 26*, 49-61.

Brown, B. (2018). *Dare to Lead*. London: Penguin Random House.

Campbell, P. (2020). *How to Be a Stuttering Therapist*. Stuttering Therapy Resources.www.stutteringtherapyresources.com/blogs/blog/how-to-be-a-stuttering-therapist [Accessed 8 March 2021].

Crane, S. L. & Cooper, E. B. (1983). Speech-language clinician personality variables and clinical effectiveness. *Journal of Speech & Hearing Disorders, 48*(2), 140-145.

Egan, G. (2001). *The Skilled Helper: A Problem-Management Approach to Helping.* Pacific Grove, CA: Brooks Cole Publishing Co.

Fourie, R. J. (2009). A qualitative study of the therapeutic relationship in speech and language therapy: Perspectives of adults with acquired communication and swallowing disorders. *International Journal of Language & Communication Disorders, 44*(6), 979-999.

Haynes, W. O. & Oratio, A. R. (1978). A study of clients' perceptions of therapeutic effectiveness. *Journal of Speech & Hearing Disorders, 43*(1), 21-23.

Mair, M. (1989). *Between Psychology and Psychotherapy: A Poetics of Experience.* London, New York: Routledge.

Manning, W. H. (2009). *Clinical Decision Making in Fluency Disorders.* Canada: Singular Thompson Learning.

McGhee, P. (2010). *Humor as Survival Training for a Stressed Out World: The 7 Humor Habit Program.* Bloomington, IN: AuthorHouse.

Rogers, C. R. (1967). *On Becoming a Person: A Therapist's View of Psychotherapy.* London: Constable & Constable Ltd.

Stewart, T. (2005). *The Artist's Eye.* Keynote presentation at 7th Oxford Dysfluency Conference, St Catherine's College, Oxford.

Stewart, T. & Leahy, M. M. (2010). Uniqueness and individuality in stuttering therapy. In A. Weiss (ed.), *Perspectives on Individual Differences Affecting Therapeutic Change in Communication Disorders.* New York: Psychology Press.

Wampold, B. E. (2015). How important are the common factors in psychotherapy? An update. *World Psychiatry, 14*(3), 270-277.

100

치료적 관계

25 치료적 관계의 중요성

Van Riper(1975)와 Shapiro(1999)에 따르면, 어떤 치료 방식을 사용했는지와 상관없이 치료 결과를 결정짓는 주된 요인이 있다. 바로 치료사와 내담자 간의 관계이다. Emerick(1974)은 다음과 같이 말한다.

> 10년 넘게 말을 더듬는 사람들과 함께한 후, 나는 내담자가 나아지기 위해서 내가 '하는 일'이 도움이 된다는 사실뿐 아니라, '내가 그것을 어떻게 하느냐'와 '내가 어떤 사람인지'도 중요하다는 것을 확신하게 되었다.
>
> (pp. 92-93)

따라서 이러한 관계를 구성하는 요소들이 무엇인지 이해하는 것이 매우 중요하다. Rogers(1967)는 치료사가 따뜻함, 공감, 진정성, 무조건적인 긍정적 존중과 같은 개인적 특성을 사용하여 다른 사람과의 관

> 말더듬 성인과 좋은 관계를 맺는 것이 치료 성공에 절반 이상의 역할을 한다. 이를 구축하는 데 시간을 투자하라.
>
> – Kato Polfliet
> (사적 대화 중에서, 2021)

계를 구축해야 한다고 말한다. 그런데 말더듬을 가진 성인과 치료사 모두가 효과적인 관계를 형성하려면 어떤 특성을 갖추어야 할까?

라포

어떻게 시작할까? 내가 Leeds의 말더듬 지원 센터에서 일할 때, 운 좋게도 치료실 가까이에 탕비실이 있었다. 내담자가 오면 나는 차를 준비해 주었고, 또 나 자신을 위해서도 차를 우리기 시작했다. 이는 치료를 시작하면서 내담자가 편안하게 앉을 기회를 주고, 치료 공간에 적응할 수 있도록 도와주었다. 또한 내가 조성하고자 했던 비공식적인 분위기를 전달할 수 있었다.

먼저, 치료사는 상대방과 대화를 나눈다. 서로 소개를 하고, 어떻게 호칭할지를 정한다. 내담자의 삶의 여정에 대해 이야기하며, 날씨나 그 순간과 관련된 아무것이나 이야기를 나눈다. Walsh(2007)는 이것이 치료의 본론으로 들어가는 다리 역할을 한다고 설명한다.

"관계는 쌍방향이기 때문에 다음 단계는 치료사가 대화의 주도권을 내담자에게 넘기는 것이다. '어떤 것부터 시작하고 싶으신가요?'라고 내담자에게 물어볼 수 있다. 그러면 내담자는 자신의 '기여할 권리(right to contribute)'(Bunning, 2004, p.55)를 인식하게 되며, 실제로 어떤 일이 일어날지를 결정할 수 있다(이것은 균형/권력에 관한 내용을 다룬 '3장 Point 29'에서 중요한 주제가 될 것이다). 사실 치료를 처음 받아 보는 말더듬 성인이나 보다 형식적인 지시형 프로그램을 경험해 본 사람이라면, 이러한 '책임 공유 또는 상호성(responsibilities or mutuality)'(Walsh & Felson Duchan, 2011)에 놀랄 수도 있다. 따라서 치료사는 이 접근 방식을 공개적으로 논의할 시간을 가져야 한

다. "지금 걱정되는 어떤 문제든 함께 다루고 싶어요. 당신의 이야기
와 변화에 대한 아이디어를 듣고 싶네요. 그 후에 함께 치료 계획을
세울 거예요. 진행하면서 계획을 조정하거나 변경할 수 있어요."라
고 말하는 것이 좋다.

27 열린 태도

"관계의 효과는 관계에 참여하는 각 개인이 얼마나 열린 태도
(Openness)로 임할 준비가 되어 있는지에 달려 있다. 말더듬 성인은
자신의 이야기를 나눌 준비가 되어 있어야 한다. 여기에는 자신에게
유리하지 않은 부분, 지나치게 감정적인 부분, 다른 누구에게도 털
어놓지 않았던 부분이 포함된다."(Bailey, 1993)

치료사는 그의 이야기를 잘 들어야 한다. 이는 당연한 일일 수 있
다. 그러나 내담자가 자신의 힘든 상황에 대해 이야기하는 것을 듣
는 일은 어려울 수 있다. 치료사는 말더듬을 겪는 사람이 느끼는 고
통 속에 함께 앉아 있어야 하며, 이는 고된 경험이 될 수 있다.

내담자에게 자살 생각, 어린 시절의 학대, 절망과 같은 어려운 묘
사를 들었던 날들이 떠오른다.

이러한 괴로운 사건들을 회상하는 것은 내담자에게는 치료적일
수 있지만, 치료사에게는 힘든 일일 수 있다. 따라서 '제2장'에서 논
의한 바와 같이 치료사는 자신의 감정과 심리적 반응을 관리하기 위
해 슈퍼비전 과정에서 지원을 받아야 한다.

28 자아 공개

가끔은 치료사가 겪은 개인적인 경험 중에서 말더듬 성인이 묘사하는 것과 유사한 일이 떠오를 때가 있을 것이다. 이를 내담자에게 공유하고 싶은 유혹이 생기겠지만, 항상 먼저 검증해야 한다. 이 이야기를 현재 대화의 맥락에서 공유하는 것이 어떤 의미가 있는가? 이야기가 대화의 맥락에서 공감의 기능을 하고 사람의 경험을 정상화(normalizing)하는 것과 관련이 있다면, 검증을 통과한 것이다. 그러나 치료사가 중요하다고 여기거나 그 순간에 공유할 필요가 있다고 느낀다는 사실 외에 목적이 없다면, 검증에 실패한 것이다.

적절히 사용된다면, 치료사의 자아 공개(self-disclosure)는 강력한 치료적 수단이 된다. '다른 사람들의 경험을 이해함으로써 내담자가 변화를 일으킬 수 있도록 힘을 실어 줄 수 있다.'(Bailey, 1993, p. 45) 그러나 과도한 자아 공개는 '너무 적은 자아 공개와 마찬가지로 내담자에게 도움이 되지 않는다.'(p. 46). 치료사가 어떤 세부 사항을 공유하게 되더라도, 내담자의 상황에서 치료사의 개인적인 경험으로 주의를 돌려서는 안 된다. 만약 말더듬 성인이 치료사가 겪은 일에 대해 더 많은 정보를 요청한다면, 이는 그 사람의 초점이 변화되었음을 의미한다. 이때는 자아 공개가 치료적인 역할을 하지 못한 것으로 판명된다.

29 권력과 통제의 균형

치료적 관계에는 본질적인 비대칭성이 존재한다. 치료는 치료사가 설정한 시간과 날짜에 치료사의 공간에서 이루어진다. 하지만 치료 회기의 초점은 내담자와 그가 필요로 하는 변화에 맞춰져 있다.

대부분 대화는 치료사가 통제하는 방식으로 이루어진다. 보통은 치료사가 질문을 통해 대화를 이끈다. 치료사는 내담자가 알고 싶어 하는 자원과 정보를 가지고 있으며, 내담자에게 구체적인 요청을 할 수 있다. 예를 들어, 수행해야 할 실험을 제안하거나, 사고방식이나 행동 방식을 제시하기도 한다. 그리고 이러한 방식에 대해 이후 회기에서 (함께) 검토할 수 있다.

치료 접근이 직접적일 때, 치료사(또는 교사)는 강력하고 지배적인 주도자 역할을 맡으며, 내담자(학습자)는 수동적인 역할을 하게 된다 (Stewart & Leahy, 2010; 2021).

그러나 말을 더듬는 내담자의 자기주도성을 증진시키고자 한다면, 치료 상호작용에서 균형 잡힌 관계가 필수적이라고 강조하고 싶다. 이는 다음과 같은 방법으로 달성할 수 있다.

- 내담자의 의견을 자주 묻기: "비슷한 상황에서는 이런 방법을 사용하더군요. 당신은 어떻게 생각하십니까? 이것이 당신의 상황에 적절할 것 같나요?"
- 호기심을 가지기: "당신이 ○○을 했을 때 무슨 일이 일어날지 궁금합니다." "저는 ○○에 대해 궁금한데, 그것이 중요하다고 생각하시나요?"
- 확신하지 않기: "그것에 대해 확신이 없어요. 효과적일 수도 있고, 그렇지 않을 수도 있어요. 어떻게 생각하시나요?"

(30) 질문하기

치료적 관계의 기본 원칙 중 하나는 Gearge Kelly의 이른바 '첫 번째 원칙'에 기반하고 있다. 즉, 만약 당신이 사람의 마음속에서 무슨 일이 일어나고 있는지 모르겠다면, 그에게 물어보라는 것이다. 이 점을 강조하여 쓴 이유는 내가 임상을 겪으면서 이것이 매우 중요하다고 생각했기 때문이다. 어떤 질문에 대해 답을 모르거나, 다음에 무엇을 해야 할지 확신이 없을 때는 내담자에게 물어보는 것이 가장 도움이 되었다.

치료를 진행하며 무엇이 효과가 있는지 계속해서 파악하는 과정의 일부로서 이러한 방식을 사용할 수도 있다. 치료사는 회기 중에 내담자의 도움을 받아 자신의 치료를 복기하고 평가할 수 있다. 치료사는 대화의 어떤 부분이 효과가 있었는지, 어떻게 질문을 개발하고 개선할 수 있을지 알고 싶을 것이다. 예를 들어, "현재 당신을 앞으로 나아가게 하는 데 가장 도움이 될 질문은 무엇일까요?"라고 물을 수 있다. 말더듬 성인에게 조언을 구하는 것을 두려워해서는 안 된다. 여기서 치료사는 내담자에게 대화를 함께 구성할 수 있도록 자율성을 부여하고 있다. 사실상 말더듬 성인이 치료사에게 무엇이 효과가 있을지를 말해 주는 셈이다. 동시에 치료사는 알게 된 정보를 검토하고 이를 앞으로의 상호작용에 활용한다. 결국 대화의 효과를 증대시킬 수 있게 된다.

내담자에게 묻는다는 것은 치료사로서 내가 내담자를 위해 모든 답을, 혹은 그 어떤 답도 가지고 있지 않다는 것을 의미한다. 치료사의 의무를 부정하는 것이 아니다. 발생하는 모든 일이 내담자와 치료사 두 사람의 공동 책임임을 인정하는 것이다. 치료사는 말더듬 성인을 전문가로 인정한다. 그들은 그들 자신이 겪어 온 어려움과 삶의 맥락 속에서 실제로 전문가이기 때문이다. 이러한 이해는 양측 모두에게 큰 해방감을 줄 수 있다.

31 선택

효과적인 협력 관계의 또 다른 중요한 요소는 선택할 수 있는 환경을 조성하는 것이다. 여기서 내담자는 자신의 필요와 상황에 가장 적합하다고 여겨지는 대안을 선택할 수 있는 기회를 갖는다. 치료사는 선택하지 않는다. 다만, 각 대안이 무엇으로 구성되어 있는지, 장단점이 무엇인지, 그리고 각 대안이 가져올 수 있는 잠재적인 결과에 대해 전문적인 의견을 최대한 자세히 설명한다. 이와 같은 방식으로 치료는 여러 방안을 실험하는 과정이 된다. 정답이나 틀린 방법이란 없다. 말더듬 성인은 실수하는 것이 아니라 가능성을 탐색하는 것이다. 그 과정에서 자신에게 가장 적합한 방법을 찾으며, 항상 자신의 선택지를 조정할 수 있다.

또한 이러한 선택 과정은 반드시 '이것 아니면 저것' 방식으로 진행될 필요는 없다. 두 가지 모두 활용하거나 여러 대안을 조합하여 적용할 수 있다. 예를 들어, Leahy와 Wright(1995)는 어떤 가족이 아몬드가 미네랄과 비타민이 풍부하므로 자녀의 말더듬을 줄이는 데 도움이 될 것이라고 믿었던 사례를 설명했다. 치료사는 가족의 의견을 무시하지 않았지만, 아동의 말하기 속도를 줄이는 작업을 다른 선택지로 제안하고, 두 가지 선택지 모두를 실험 과정에 포함했다. 아동은 2일 동안 아몬드를 섭취하고 말하기 연습은 하지 않았다. 그다음 이틀 동안은 말하기 속도를 조절하는 연습을 하며 아몬드는 섭취하지 않았다. 마지막에는 대안들에 대한 검토가 이루어졌다.

이러한 선택의 맥락은 치료의 모든 수준에서 적용된다. 치료 접근 방식, 전달 방식, 치료 회기의 빈도, 다음 회기의 날짜와 시간 등을 결정하는 데에도 마찬가지로 적용된다.

32 유연성/적응성

Owen와 Hilsenroth(2014)에 따르면, 특정 프로토콜을 엄격히 따르다 보면 치료 관계에 문제가 생기고 내담자의 반발이 증가한다. 따라서 유연하고 수용적인 접근 방식이 더 나은 결과를 가져온다는 결론을 내렸다. 이는 공식적인 프로그램과 규정된 매뉴얼을 버리고 내담자의 목표를 중심에 두는 비지시적 접근 방식을 채택해야 한다는 강력한 근거가 된다.

말더듬 성인이 치료에 참여하고 어느 정도의 변화, 적어도 아주 작은 변화라도 경험하게 되면, 새로운 가능성에 대해 인식할 수 있다. 치료사와 함께 다른 고민거리를 논의하고 싶어 하는 경우도 흔하다. 이러한 상황은 당황스럽기보다는 자신감을 갖게 한다. 내담자가 과정에 편안함을 느끼고 관리 계획과 치료 접근 방식에 대한 신뢰를 가지고 있다는 신호로 보기 때문이다. 이러한 경우에는 유연하게 대처하고 내담자의 추가 목표를 수용하는 것이 중요하다. 먼저 해당 영역을 평가한 후, 기존 과정에 목표를 통합하는 방식으로 진행하면 된다.

33 중요한 타인과의 관계

중요한 타인(Significant Others: SO)이란 말더듬 성인의 삶에서 중요한 역할을 하는 사람들로, 배우자, 파트너, 가족 구성원, 친구, 동료 등을 말한다. 임상가는 내담자의 SO와 직접적인 관계를 맺지 않지만, SO가 내담자에게 미치는 영향은 치료 진행에 중요한 영향을 미칠 수 있으므로 무시해서는 안 된다. SO가 치료 목표에 반하는 행동을 보일 가능성을 사전에 방지하기 위해 치료 초기 단계에서 주요 SO들을 참여시키는 것이 좋다.

SO와의 협력의 중요성과 이들과 협력하는 방법에 대한 자세한 내용은 '11장'에서 확인할 수 있다(역주: 이 책의 다른 장들에서는 SO를 '가까운 주변인들'로 번역하였다).

📖 참고 문헌

Bailey, R. (1993). *Practical Counselling Skills*. Oxon: Winslow Press.

Bunning, K. (2004). *Speech & Language Therapy Interventions: Frameworks and Processes*. London: Whurr.

Emerick, L. (1974). Stuttering therapy: Dimensions of interpersonal sensitivity. In L.L. Emerick & S.B. Hood (eds.), *The Client-Clinician Relationship: Essays on Interpersonal Sensitivity in the Therapeutic Transaction*. Springfield, IL: Charles C. Thomas.

Leahy, M. & Wright, L. (1995). Therapy for stuttering: Facilitating working with people from different ethnic backgrounds. *Proceedings of 1st World Congress on Fluency Disorders, 2*, 355-360.

Owen, J. & Hilsenroth, M. J. (2014). Treatment adherence: The importance of therapist flexibility in relation to therapy outcomes.

Journal of Counselling Psychology, 61, 280-288.

Rogers, C. R. (1967). *On Becoming a Person: A Therapist's View of Psychotherapy*. London: Constable & Constable Ltd.

Shapiro, D. A. (1999). *Stuttering Intervention: A Collaborative Journey to Fluency Freedom*. Austin, TX: Pro-Ed.

Stewart, T. & Leahy, M. M. (2010). Uniqueness and individuality in stuttering therapy. In A. Weiss (ed.), *Perspectives on Individual Differences Affecting Therapeutic Change in Communication Disorders*. New York: Psychology Press.

Stewart, T. & Leahy, M. M. (2021). The art and practice of being a clinician working with individuals who stammer. In T. Stewart (ed.), *Stammering Resources for Adults & Teenagers: Integrating New Evidence into Clinical Practice*. London: Routledge.

Van Riper, C. (1975). The stutterer's clinician. In J. Eisenson (ed.), *Stuttering, A Second Symposium*. New York: Harper & Row.

Walsh, I. P. (2007). Small talk is "big talk" in clinical discourse. *Topics in Language Disorders, 27*(1), 24-36.

Walsh, I. P. & Felson Duchan, J. (2011). Product and process depictions of rapport between clients and their speech-language pathologists during clinical interactions. In R. Fourie (ed.), *Therapeutic Processes for Communication Disorders*. Hove: Psychology Press.

초반 회기:
이야기 나누기, 목표 설정과 평가

 상대방에 대해 알아 가기

치료 시작 시 많은 과정을 거친다. 먼저 서로에 대해 알아 간다. 내담자는 치료사에 대해 알아보고, 치료사는 내담자에 대해 알아 간다. 의견이 생기고 판단이 이루어진다. 근본적인 질문이 제기된다. '이 사람과 함께 일할 수 있을까?' '이 사람을 믿을 수 있을까?'

말더듬 성인은 치료사가 자신의 문제를 다룰 수 있는 적합한 사람인지 알고 싶어 할 것이다. 치료사의 배경과 말더듬에 대한 이해 정도를 알고 싶어 할 것이다. 치료사가 대화하는 방식, 전문 용어를 자주 사용하는지, 이해하기 쉬운 방식으로 말하는지에 관심을 가질 것이다. 치료사를 신뢰할 수 있어야 하고, 자신의 이야기를 할 수 있으며, 치료사가 그것을 중요하게 여길 것이라고 느껴야 한다. 치료사가 어떻게 경청하고 반응하는지에 따라 의견을 형성할 것이다.

치료사는 이 단계에서 개인 중심적 기술(The person-centred skills)(Rogers, 1967)을 유용하게 활용한다. 적극적인 경청, 열린 태도(openness), 인정, 공감, 비판하지 않기 등과 같은 기술을 사용한다('제3장' 참조).

이야기를 들어주는 시간 갖기

치료 초기에 치료사는 말더듬 성인에게 내담자 본인의 이야기를 해 달라고 요청한다. 보통 이 과정은 첫 번째 회기에서 이루어진다. 이는 말더듬 성인에게 큰 도전이 될 수 있으며, 때로는 감정을 뺀 사실적인 부분만을 공유할 수 있다. 더 어려운 문제는 시간이 지나면서 드러날 수 있으므로, 치료사는 인내심을 가져야 한다.

사적인 이야기를 나눌 때, 치료사는 내담자가 겪을 감정적 부담을 고려해야 한다. 충분한 시간과 공간을 제공하고 친절하게 대하는 것이 중요하다. 끝날 시간이 다가오면 미리 알리는 것도 중요하다. 종료까지 약 10분 정도 남았음을 알려 주고, 내담자가 일상으로 돌아갈 준비를 할 수 있도록 도와야 한다.

한번은 내담자가 매우 중요하고 감정적으로 깊은 내용을 내게 나눈 적이 있다. 시계를 보니 종료까지 몇 분밖에 남지 않았음을 알았다. 그는 용기 있게 감정을 나누었고, 여전히 그 감정의 여운을 느끼고 있었다. 나는 회기를 곧 마무리해야 한다고 말하며, 일상으로 돌아가기 위해 무엇이 필요한지 물어보았다. 그는 축구와 같은 관련 없는 주제에 대해 이야기하길 원했다. 그렇게 대화를 나눈 후, 그는 편안한 상태가 되어 치료실을 나갔다.

이 상황을 통해 초기 상담에서 시간 관리를 더 잘하는 법을 배웠다. 가능하다면 10~15분 정도를 더 할애하거나 현실에 적응할 수 있는 활동을 제시하며 회기의 끝을 미리 알리는 방법으로 내담자가 자신의 감정과 경험을 잘 관리할 수 있도록 해야 한다.

내담자 이력(배경 정보) 활용을 피하는 방법

처음 치료사 일을 시작했을 때, 대학 시절에 구해 두었던 '초기 내담자 이력 서식'을 너무 자주 사용했던 것 같다. 양식에 기재된 모든 정보를 수집하는 것이 목적이었기 때문에 대화는 자주 질문과 답변의 형태로 진행되었다. 첫 회기에는 말더듬 성인이 자신이 적절하다고 생각하는 방식으로, 자신이 편안하게 느끼는 만큼의 세부 정보를 제공하도록 해야 한다.

행정 목적으로 내담자 이력 양식을 작성해야 하는 경우, 치료사는 나중에 기록을 보충할 수 있도록 중요한 포인트를 적어 놓을 수 있다. 이 경우, '말씀하시는 동안 제가 몇 가지를 적어서 잊지 않도록 할게요.'와 같이 설명하여 내담자가 말하는 내용을 존중하는 태도를 보인다. 만약 치료사가 추가로 필요한 정보(예: 말더듬 성인의 가족력 정보나 말더듬에 대한 주변인들의 반응 등)가 있다고 생각되면, 말더듬 성인이 자신의 주요 이야기를 다 마친 후에 질문한다.

이 접근 방식은 관계의 균형을 유지하는 데 도움이 된다. 이야기에 대한 권력과 통제를 서로 나누어 갖게 된다. 말더듬 성인은 자신이 원하는 방식대로 이야기하고, 치료사는 너무 많은 질문을 하지 않고 최소한의 추가 정보만을 구하게 된다.

> 생각해 보면, 나는 말더듬 성인이 정말 원하는 것보다 내가 알고 있는 치료 방법에 더 집중했다. 그래서 항상 내담자 개개인의 특정 요구를 충분히 고려하지 못했던 것 같다.
>
> – Selma Saad
> (사적 대화 중에서, 2021)

37 목표 설정

> 사례면담지 질문에만 얽매이지 말고, 말더듬 성인의 '이야기'를 더 경청하라고 조언하고 싶다.
>
> – Trudy Stewart, 2021

초반 회기에 치료 목표를 설정하는 일은 매우 중요하다. 어떤 사람은 오랜 고민을 통해 자신이 원하는 목표를 명확히 할 수 있다. 반면, 어떤 사람은 자신의 문제에 대한 해결책이 불분명할 수도 있다. 이런 모든 상황에서 치료사는 말더듬 성인에게 가능한 한 모든 선택지를 제시하는 것이 좋다. 이때 다음과 같은 사항들을 명확히 해야 한다.

- 선택 가능한 접근 방법: 예를 들어, '더 유창하게 말하기(speak more fluently)' '더 쉽게 말더듬기(stammer more easily)' '심리학적 개입' '자신 있게 말더듬기(stammer more proudly)'와 각 방법이 포함할 수 있는 내용(예: 불안 관리 기술, 열린 태도, 회피 감소)
- 치료 과정: 즉, 내담자의 감정에 미칠 수 있는 영향, 말의 제어 수준, 가까운 주변인들의 참여 및 반응
- 관리 옵션: 예를 들어, 개인 또는 그룹치료, 자가 도움 지원

나는 항상 목표 설정이 치료에서 가장 어려운 단계 중 하나라고 생각해 왔으며, 종종 딜레마에 빠지곤 했다. 수십 년 동안 수많은 사람과 함께하면서, 그들이 목표를 이루기 위해 겪는 고통스러운 과정을 지켜보았다. 치료를 시작할 때, 내가 다른 사람들의 경험과 그 과정에서의 교훈을 공유하고, 특정 행동을 선택했을 때의 잠재적인 어려움에 대해 경고해야 할까? 아니면 그 정보를 제공하지 않고 스스로 선택하게 내버려두는 것이 좋을까? 예를 들어, 일자리에서의 어려움을 해결하기 위해 더 많은 유창함이 필요하다고 생각하는 말더

듬 성인이 있다. 나는 그가 전반적인 의사소통 기술과 완벽한 유창성에 대해 비현실적인 기대를 가지고 있음을 지적한 후, 감각 훈련으로 넘어가자고 제안하고 싶다! 여기서 문제가 있다. 문제는 내가 치료사로서 말더듬 성인보다 더 잘 알고 있다고 생각하며, 그가 실제로 필요로 하는 것을 내가 미리 판단하고 있다는 점이다.

이렇게 되면 내가 전문가로서의 역할을 하면서 말더듬 성인의 선택과 자기 결정을 방해하게 된다. 사실 내가 다른 사람들의 경험이나 그들이 얻은 혜택에 대해 이야기한다고 해서 그의 과정을 단축시킬 수는 없다. 내담자는 자신만의 과정을 밟아 가며 스스로 발견해 나가야 한다. 이것이 감각 훈련이 될 수도, 아닐 수도 있다. 결정을 내리는 것은 내담자가 해야 할 일이다. 내담자의 여정은 저마다 다르다.

말더듬 성인에게 무엇을 제공해야 하는지에 대해서도 논란이 있다. 접근 방법은 연구가 진행되면서 사회와 문화의 변화에 따라 대세가 바뀌고 변동이 있다. 이러한 변화에 맞춰 내담자에게 제공되는 치료 선택지도 달라져야 하는지에 대한 논의가 있다.

현재 널리 받아들여지고 있는 장애의 사회적 모델(Hunt, 1966; Oliver, 1990)에 근거하여 '자신 있게 말더듬기(stammer more proudly)'를 지지하는 말더듬 성인과 이야기를 나눈 적이 있다. 그는 대화 중에 언어치료사가 '더 유창하게 말하기(speak more fluently)' 방식을 내담자에게 제시하는 것은 바람직하지 않다는 의견을 밝혔다. 이러한 방식이 말더듬의 궁극적인 해답이 아니며 '말더듬은 나쁘고 유창함이 최고다.'라는 태도를 강화한다고 보았기 때문이다. 이 관점을 이해하기

> 모든 치료 방법이 모든 말더듬 성인에게 효과적인 것은 아니다. 우리의 역할은 말더듬 성인의 필요에 따라 치료를 맞추는 것이다. 이를 일찍이 알았더라면 좋았을 것이다.
> – Selma Saad
> (사적 대화 중에서, 2021)

는 하지만, 나는 언어치료사와 유창성치료사로서 가능한 한 많은 선택지를 제공할 책임이 있다고 생각한다. 말더듬 성인이 특정 시기에 자신이 원하는 방식으로 실험해 보는 것을 막을 수는 없다고 느낀다. 치료사는 말더듬 성인이 자신의 말더듬을 변화시키고 이해할 수 있도록 돕는 중요한 역할을 한다. 이 과정은 내담자마다 다르며, 인생의 다양한 단계에서 변화할 수 있다.

38 평가

공식 평가를 통해 말더듬을 측정할 수 있다. 이는 기초선을 설정하거나 치료 과정 중 생긴 변화를 모니터링하는 데 사용한다.

세계보건기구(World Health Organization, 2001)는 말더듬과 같은 장애를 측정하기 위해 '손상(impairment)' '활동 제한(activity limitation)' '참여 제한(participation restrictions)'이라는 개념을 사용한다. 이 개념은 이전의 '장애(disability)'와 '핸디캡(handicap)'을 대체한 것이다. 이 모델에 따르면, 말더듬의 '손상(impairment)' 부분은 말더듬의 표면적인 특징을 통해 측정할 수 있으며, 나머지 구성 요소는 말더듬의 숨겨진 특징(또는 빙산의 아랫부분)과 말더듬의 결과를 분석함으로써 평가할 수 있다. 이러한 특징의 변화는 보통 중재의 성공 여부를 판단하는 기준으로 사용된다. Blomgren(2007)은 다음과 같이 말했다.

말더듬치료의 성공을 종합적으로 평가하기 위해서는 손상과 활동 제한, 참여 제한을 모두 고려한 다차원적 접근 방식을 사용해야 합니다.

(p. 20)

㊴ 공식 평가

말더듬 성인에게 공식 평가를 실시할 때는 말더듬의 각 영역을 정확히 측정하는 것이 중요하다. 이는 기초선을 설정하거나 치료 과정에서의 변화를 모니터링하는 데 사용될 수 있다. 평가 영역은 일반적으로 연구를 통해 말더듬의 지속성, 중증도 및 결과에 영향을 미치는 요인들로 알려진 것들이다.

Brundage 등(2021)은 최근 발표한 논문을 통해 연구자는 말더듬 평가 과정에서 중요하다고 여겨지는 여섯 가지 핵심 영역을 확인하였다. 이는 다음과 같다.

- 말더듬과 관련된 배경 정보
- 언어, 음성 및 기질 발달(주로 아동에게 적용)
- 유창성 정도와 말더듬 행동
- 말더듬에 대한 자신의 반응
- 말더듬에 대한 가까운 주변인들의 반응
- 말더듬으로 인한 부정적인 영향

'부록 1'에는 현재 사용 중인 공식적인 평가 목록이 포함되어 있다.

㊵ 비공식 평가

다음은 비공식적 절차를 통해 평가할 수 있는 요소들이다.

- 변화에 대한 준비('1장 Point 9' 참조)

- 말더듬의 양상: 내담자 또는 내담자 주변인의 보고, 임상적 관찰, 체크리스트, 말더듬 빙산(iceberg)을 사용하여 관찰 가능한 말더듬 특징 및 내적 문제(생각과 감정 등)를 파악한다.
- 말 산출 시 발생하는 끊김(breakdown), 조음, 후두 또는 횡격막 수준에서 일어나는 현상을 관찰하고 분석한다('6장 Point 52' 참조).
- 말의 자연스러움: 이는 내담자의 말이 일반 청자에게 얼마나 평범하게 들리는지를 나타낸다.
- 말더듬의 영향: 말더듬이 내담자의 일상생활에 미치는 방해 정도를 평가할 수 있으며, 이는 논의와 관찰을 통해 이루어진다.
- 회피: Sheehan(1970)은 여러 수준(소리, 단어, 말, 감정, 상황, 관계, 자기 역할)을 구체화한다. 또한, Stewart(2012)는 '행동 의도(intention to behave)'라는 수준을 추가적으로 제시한다('5장 Point 51' 참조).
- 도움이 되지 않는 생각과 감정
- 말더듬에 대한 신념과 태도
- 자기 설명: 일기, 자기 특성화(self-characterisation)(Kelly, 1955), 말더듬 중증도에 대한 자기 평가
- 수용의 정도

그러나 모든 전문가가 이러한 평가 영역에 동의하는 것은 아니며, 사용되는 평가 방법에 표준화가 부족한 경우가 종종 있다. 그럼에도 다양한 평가 방법이 치료 과정에서 자주 사용되며, 내담자에 대하여 '종합적인' 시각을 얻기 위해 많은 시간이 할애되고 있다.

결과 중심적 평가

이제 대안적인 접근법을 제안해 보겠다.

만약 치료사가 내담자의 말더듬에 대한 시각을 충분히 이해하고 치료 목표를 명확히 설정했다면, 형식적인 평가의 필요성은 줄어들 것이다. 내담자가 변화를 원하는 부분만 집중적으로 평가하면 된다. 내담자가 치료에서 변화를 원하지 않는 부분을 굳이 평가할 필요가 있을까? 이는 물리치료에서 무릎을 치료하면서 팔 기능을 평가하는 셈이다. 말더듬치료에서 내담자가 '더 쉽게 말더듬기(stammer more easily)' 접근법을 원한다면, 유창성 측정은 필요 없다. 치료 목표에 따라 변화를 원하는 부분만 평가하면 된다.

많은 말더듬 성인이 치료 과정에서 진전을 이루고 몇몇 문제에서 의미 있는 변화를 경험함에 따라 다른 영역에서도 변화의 가능성을 보게 된다. 이때 치료 목표에 새로운 영역을 포함하고 싶어 할 수 있다. 이러한 상황에서 치료사는 현재의 임상 작업을 일시적으로 중단하고 새로운 영역을 평가한 후, 변화의 목표를 설정하고 다시 치료를 계속할 수 있다. 평가는 내담자, 치료 과정 그리고 내담자의 요구에 따라 계속해서 조정될 수 있다.

📖 참고 문헌

Blomgren, M. (2007). Stuttering treatment outcomes measurement: Assessing above and below the surface. *Perspectives on Fluency & Fluency Disorders, 17*(3), 19-23.

Brundage, S. B., Bernstein-Ratnei, N., Boyle, M., Eggers, K., Everard, R., Franken, M.-C., Kefalianos, E., Marcotte, A. K., Millard, S., Packman, A., Vanryckeghem, M., & Yaruss, J. S. (2021,

September). Consensus guidelines for the assessments of individuals who stutter across the life-span. *American Journal of Speech-Language Pathology, 30*(6), 2379-2393.

Hunt, P. (1966). *Stigma: The Experience of Disability.* London: Geoffrey Chapman.

Kelly, G. A. (1955). *The Psychology of Personal Constructs: Vols 1 and 2.* New York: W. W. Norton.

Oliver, M. (1990). *The Politics of Disablement.* London: Macmillan Publishers Limited.

Rogers, C. R. (1967). *On Becoming a Person: A Therapist's View of Psychotherapy.* London: Constable & Constable Ltd.

Sheehan, J. G. (1970). *Stuttering: Research and Therapy.* New York: Harper & Row.

Stewart, T. (2012). Avoidance in adults who stammer: A review and clinical discussion. *Polish Forum Logopedyczne, 20*, 20-29.

World Health Organization. (2001). *International Classification of Functioning, Disability, and Health: ICF.* Geneva: World Health Organization.

100 🗣

치료:
일반적인 사항

�42 치료 서비스 제공

말더듬 성인이 선택할 수 있는 치료 방법에는 일대일치료(대면 또는 온라인치료), 그룹치료 그리고 원격치료(telehealth)가 있다. 치료 방법은 서비스 제공자가 가진 자원과 내담자의 선호도에 따라 결정된다.

일대일치료의 장점은 다음과 같다.

- 맞춤형으로 제공된다.
- 내담자의 특정 목표에 맞춰 작업할 수 있다.
- 개인의 필요에 맞게 유연하게 조정된다.

그룹치료의 장점은 다음과 같다.

- 고립감을 줄여 준다.
- 말더듬을 일반화하는 데 도움을 준다.
- 다른 말더듬을 가진 사람들을 관찰하고 이야기를 들으며 말더

듬에 대한 둔감화가 촉진된다.
- 다른 사람들과 함께하면서 동기를 부여받을 수 있다.
- 변화 과정에서 동료의 지지를 받을 수 있다.
- 그룹 내에서 리더, 관찰자, 팀원 등의 다양한 역할을 실험할 수 있다.
- 치료사에 대한 의존도를 줄여 주며, 치료사만이 공감과 지혜를 주는 유일한 사람이 아니라는 것을 인식하게 된다.
- 실제와 같은 의사소통 환경이 제공되기 때문에 끼어듦, 의견 충돌, 동의 및 확인이 자연스럽게 발생한다.

또한 두 명 이상의 치료사가 함께 그룹을 운영할 경우, 서로 다른 치료사들로부터 배울 수 있어 효과적이다.

원격치료(telehealth)의 장점은 다음과 같다.

- 내담자에게 편리하다.
- 내담자와 치료사 모두에게 시간 측면에서 효율적이다.
- 전염병 등의 상황에서도 치료를 지속할 수 있다.

원격치료는 아직 초기 단계에 있지만, 현재까지의 연구에 따르면 효과적인 방법이 될 수 있다(Burgess, 2019). 다만, 신뢰할 수 있는 하드웨어와 소프트웨어가 필요하며, 온라인 시스템은 안전하고 조용한 환경에서 사용해야 한다.

치료 접근법들의 공통적인 측면

이 절과 다음에 이어지는 포인트들에서는 말더듬 성인이 치료 접근 방식을 시작하기 전에 고려하고 배우는 데 유용할 수 있는 필수 지원 메커니즘, '안전망'과 일반적인 중재 방법에 대해 다룰 것이다. 이러한 내용을 이 절에서 더 자세히 논의하겠다.

또한 말더듬 성인이 이용할 수 있는 다양한 치료 접근 방식을 설명한다. 구체적으로는 '더 유창하게 말하기(Speak More Fluently)' '더 쉽게 말더듬기(Stammer More Easily)' '자신 있게 말더듬기(Stammer More Proudly)' 그리고 심리학적 접근 방식이 포함된다.

〈표 5-1〉 **치료(Therapy)**

지원 메커니즘 (support mechanisms)		안전망 (safety nets)
가까운 주변인들의 참여 (involving SOs)		변화에 대한 준비 (preparing for change)
자조모임 (self-help groups)		불안 관리 (anxiety management)
		의사소통기술 (communication skills)
		단호함 (assertiveness)
		이완 (relaxation)

〈표 5-2〉 **치료 접근법(Approaches)**

치료 접근법(Approaches)			
더 유창하게 말하기 (Speak more fluently)	더 쉽게 말더듬기 (Stammer more easily)	자신 있게 말더듬기 (Stammer more proudly)	심리학적 접근법 (Psychological approaches)

44 치료 접근법

현재 말더듬 성인들에 사용되는 다양한 치료 접근법들의 차이를 구분하는 것이 중요하다.

첫째로, 내담자의 유창성을 높이기 위해 개발된 기술들이 있다. 바로 유창성 수정(Fluency Modification) 또는 '더 유창하게 말하기 (Speak More Fluently)' 접근법이다.

유창성 형성은 말더듬의 표면적인 특징에 초점을 맞춘다. 호흡, 발성, 조음 문제 등이 포함된다. 여기에는 모든 발화 패턴을 지속적으로 변경하는 속도 조절과 같은 전략이 포함된다. 부드러운 시작 (Easy onset)과 같이 특정 부분에 적용하는 기술도 있다. 발화 시작 시 수정된 방식을 사용하는 경우이다. 이는 지속적으로 사용할 것을 권고한다('제6장' 참조).

둘째로, 말더듬의 성질을 바꾸는 기술들이 있다. 이는 '말더듬 수정(Stammering Modification)' 또는 '더 쉽게 말더듬기(Stammer More Easily)' 접근법이다.

이 접근법에는 막힘 수정(Block Modification)과 같은 기술을 사용하여 말더듬의 패턴을 긴장되지 않고 힘들지 않은 말하기로 변경한다. 목표는 말더듬을 제거하는 것이 아니라 개방적이면서 쉬운 말더듬으로 바꾸는 것이다. 이 접근법에서 말더듬 성인은 말더듬이 발생하는 순간에 자신의 말더듬을 평가하고 수정해야 한다. 나머지 발화는 수정되지 않으며, 오직 말더듬의 시점만이 변경된다('제7장' 참조).

셋째로, 심리학적 접근법이 있다. Manning(2001)은 이러한 접근법의 주요 목표를 다음과 같이 설명한다. "내담자가 자신과 자신의 말더듬을 어떻게 생각하고, 말더듬의 사건들을 어떻게 해석하는지를 변화시키는 것."(p. 276) 이 접근법은 직접적인 발화 수정보다는 인지행동치료(Cognitive Behavioural Therapy: CBT)(Beck, 1993), 개인 구상개념 이론(Personal Construct Therapy: PCT)(Kelly, 1955), 수용전념치료(Acceptance and Commitment Therapy: ACT)(Harris, 2009)와 같은 특정 심리학적 중재법들을 포함할 수 있다('제9장' 참조).

넷째로, 사회적 모델이다. 최근에는 사회적 장애 모델에 기반한 접근법이 등장하였다. 바로 '자신 있게 말더듬기(Stammer More Proudly)'이다. 이 접근법에서는 내담자가 말더듬에 대한 권리를 주장하고, 사회의 부정적인 태도에 도전하도록 격려한다.

다음 '제5장 Point 47~49'(말더듬치료의 효과적인 원칙: 선행 작업, 열린 태도, 둔감화)는 앞서 설명한 네 가지 치료 접근 방식 모두에 적용할 수 있는 치료 원칙들이다. 'Point 48~51'(열린 태도, 둔감화, 자발적 말더듬, 회피 감소)은 '말더듬 수정/더 쉽게 말더듬기' 접근법과 관련이 있으며, 'Point 48, 50, 51'(즉, 열린 태도, 자발적 말더듬 및 회피 감소)은 '자신 있게 말더듬기' 접근법과 관련이 있다.

㊺ 효과적인 치료

치료 방법들을 계속 살펴보기 전에 효과적인 치료가 어떤 요소를 지녀야 하는지 고려하는 것이 중요하다. 이에 대해 여러 가지 의견이 있다. 첫째, 세계보건기구(WHO)는 '장애' '활동 제한' '참여 제한' 개념을 포함하는 다차원적인 인간 건강 모델을 제시하고 있다. 이 모델은 말더듬의 결과를 평가하는 데 사용되어 왔다(Yaruss &

> 치료의 성공 여부는 비유창성의 감소 정도로 측정되는 것이 아니었다. 도리어 내담자의 만족과 전반적인 삶의 질 향상이 치료의 성공을 결정했다.
>
> – Selma Saad
> (사적 대화 중에서, 2021)

Quesal, 2004). WHO의 권고에 따르면, 말더듬치료 접근법은 말더듬의 실제적 손상뿐만 아니라 문제로 인해 발생하는 제한이나 제약에도 의미 있는 변화를 일으켜야 한다. 즉, 드러난 말더듬 양상뿐만 아니라 불안, 수치심, 사회적 오명과 같은 숨겨진 요소들도 함께 다루어야 한다.

> 말더듬치료는 말더듬의 빈도를 줄이는 것(손상 수준)과 함께 '참여 제한'이나 '활동 제한'을 줄이는 경우에만 성공적이라고 할 수 있다.
>
> (Blomgren, 2013, p.15)

둘째, 장애의 사회적 모델과 '자신 있게 말더듬기' 접근법을 채택하는 사람들은 다음과 같은 다른 성과를 포함할 것이다.

> 원할 때 원하는 것을 말할 수 있는 것, 연결과 의사소통에서 즐거움을 나누는 것, 의사소통에서 동등한 파트너로서 자신감을 느끼는 것.
>
> (Everard, 2021)

최근의 발표에서 Siskin은 미래에 대해 이야기하며 다음과 같이 말했다.

> 언어치료의 성공 여부를 뇌신경 기능이 정상화되었는지로 결정하는 것은 바람직하지 않다. 자기옹호(self-advocacy)와 정체성에 대한 자부심, 의사소통에서의 자신감과 효과성이 향상되었는지 여부로 판단될 것이다.
>
> (2021)

마지막으로, 언어치료사는 말을 더듬는 사람들의 의견을 고려해야 한다. Plexico 등(2005)은 말더듬 성인의 관점에서 말더듬을 잘 관리하는 법을 이해하고자 질적 연구를 수행했다.

말을 더듬는 사람들이 말더듬 관리에 성공하려면, 실패에서 성공으로 가는 중요한 여섯 가지 주제를 알아야 한다. 이는 다음과 같다.

- 타인의 지원 활용: 상담, 자가 도움/지원 그룹, 가족과 친구 등의 지원 받기
- 효과적인 치료: 행동, 인지, 감정 면에서의 전략을 수립하여 유창성 수준과 화자로서의 자아감을 변화시키는 치료하기
- 자가치료 및 행동 변화: 위험 감수와 자기 공개를 포함한 자가치료 및 행동 변화
- 인지적 변화: 위험 감수, 실패에 대한 두려움 감소, 발화에 대한 책임감, 화자로서의 자신을 이해하고 긍정적인 태도를 채택하기
- 개인의 경험 활용: 살아오면서 쌓아 온 긍정적인 특성과 강점을 인식하고 활용하기
- 목표 달성에 대한 높은 수준의 동기와 결심

저자들은 성공적인 말더듬 관리 과정을 다음과 같이 정리한다.

말더듬이 지배하는 삶에서 말더듬을 잘 관리하는 삶으로 바꾸려면, 인지적이고 행동적인 변화가 필요했다. 말더듬을 성공적으로 관리하면서 점진적으로 말더듬이 삶에서 우세한 주제가 아닌 부차적인 주제가 되었다. 동기와 끈기를 가지고 다양한 형태의 도움을 받게 되고, 특히 멘토를 통해 다양한 형태로 지원과 안내를 받았다. 특정 치료 프로토콜이나 기술이 성공과 직접적으로 연관된 것은 아니다. 그러나 이러한 도움을 잘 활용하여 변화를 수용하고 책임감을 갖게 되었다. 또한 다른 분야에서 많은 성취를 이루어 부족한 의사

소통 능력에 대한 인식을 상쇄할 수 있었다. 변화는 말더듬의 빈도가 감소하는 것으로만 일어나지 않는다. 치료 환경 밖에서도 문제를 공개하고 의사소통에서 위험을 감수할 수 있는 능력에서도 변화는 두드러지게 나타난다.

(p.14)

46 말더듬치료의 일반적인 원칙

말더듬치료에는 다른 언어·말장애와 마찬가지로 언어치료의 일반적인 원칙들이 적용된다. 명확한 치료 계획을 세우고, 목표를 달성 가능한 작은 단계로 쪼개어 이를 달성했을 때 보상이나 인정을 해 주는 것이다. 다만, 말더듬을 치료할 때 특히 중요한 요소들이 있다. 여기서는 더 구체적인 치료 측면을 논의하기 전에 이러한 구성 요소들에 대해 설명하겠다.

맞춤형 접근

말을 더듬는 성인이나 아동을 대상으로 한 일대일치료에서 각 관리 계획은 개개인의 필요와 학습 방식에 따라 다르며, 내담자가 별도로 고려하고 싶어 하는 문제를 포함해야 한다[치료사들이 미리 세팅된(pre-determined) 프로그램을 따르려 할 경우, 임상적으로 제약을 받기 쉽고, 일부 내담자는 불만족하여 치료를 중단할 가능성도 높다].

가설 검증

말더듬치료에서는 내담자와 치료사가 함께 가설을 세우고, 이 가설을 바탕으로 치료 계획을 정한다. Ruben의 사례를 보자. Ruben

은 평생 동안 회피를 해 온 끝에 말
더듬치료를 받기로 결정했다. 그
는 단어 대치, 상황 회피 및 공격적
인 태도 보이기와 같이 복잡한 전
략들을 사용하여 유창성을 높여 왔
다. 치료에서 그가 검증한 가설은
말더듬의 위험을 감수하고, 말더듬
과 그로 인한 결과를 관리하며, 더

> 말더듬 성인이 치료를 받으러 와서
> 유창하게 말하는 것은 비교적 쉽다.
> 그러나 평소 생활에 적용하는 것은
> 훨씬 어렵다. 치료사로서 나는 걱정
> 거리들을 직면하고 안전지대를 떠
> 나 내담자와 함께 세상과 마주해야
> 했다.
>
> – Jan Dezort
> (사적 대화 중에서, 2021)

자신답게(기민하고 친절한 사람으로) 행동할 수 있다는 가설이었다.

실험

과거에는 치료가 주로 치료실 내에서 진행되었다. 이 방식은 내담
자들이 치료실에서 보인 진전을 일상생활로 일반화하기가 어렵다는
제한이 있었다.

요즘에는 치료실에서 계획을 정하고, 말더듬 성인은 자신의 일상
생활 맥락에서 작업을 수행한다. 치료가 대안적 가능성을 시도해 보
는 다양한 실험을 중심으로 설계되는 것이다. 이러한 실험은 생각,
감정 또는 특정 행동과 관련이 있다. 초기에는 치료실에서 준비 작
업과 몇 가지 시도를 할 수 있지만, 이후에는 개인이 집, 직장, 여가
활동 등의 환경에서 중요한 실험을 수행한다. 이 과정에는 보통 파
트너, 가족, 친구, 직장 동료 등이 참여하게 된다. 이후에는 실험의
결과와 의미에 대해 치료사와 함께 논의하고, 그에 따라 추가적인
평가 요소가 개발된다. 이러한 접근 방식을 통해 내담자는 더 이상
실패하는 것이 아니라, 오히려 실험을 통해 배우고, 변화 과정을 더
나은 방향으로 개선해 나가게 된다.

Andy는 치료사와 함께 치료실에서 열린 말더듬(open stammering)

을 연습하며 실험을 시작했다. 그는 먼저 쉽게 말더듬기(easy stammering), 즉 긴장이나 투쟁 없이 말더듬하는 것을 시도해 보았다. 그다음, 불필요한 반복과 막힘을 허용하는 방식으로 진행하였다. 일단 편안함을 느끼고 말더듬과 관련된 불안을 관리할 수 있게 되자, 그는 집에서 파트너와 실험을 하게 되었다. 또한 친구와 일대일 대면으로 함께 축구를 하는 상황에서도 실험을 진행하였다. Andy는 자신이 가까운 주변인들보다 자신의 비유창함을 더 의식하고 있다는 사실을 알게 되었다. 친구는 '말더듬에 크게 주목하지 않으며, 대화의 주제에 더 관심이 있다.'고 말했다(가령 맨체스터 유나이티드의 최근 경기에 대한 토론!).

선택

앞에서의 예와 마찬가지로, 핵심 개념은 선택이다. 개인은 치료 방법이나 치료 필요 여부를 결국 스스로 결정해야 한다. 말더듬을 겪는 Richter와 St Pierre(2014)는 다음과 같이 말한다.

> 우리는 말더듬으로 언어치료를 받을지 여부를 스스로 선택할 수 있어야 한다. 장기적인 말더듬치료를 선택하기 전에 비유창성-긍정적인 관점과 비유창성-부정적인 관점(Dysfluency-positive and dysfluency-negative perspectives)을 항상 제공받아야 한다. 나이와 무관하게 말더듬에 대한 다양한 관점을 알고, 이를 바탕으로 자율적으로 치료 옵션을 선택할 수 있어야 한다.
>
> (Point 4, www.didistutter.org, website home page)

접근 방식을 합의한 후, 말더듬 성인은 실험의 방법을 스스로 결정하게 된다. 치료사와 주변인의 격려나 지지를 받을 수 있으며, 그룹치료 환경에서는 동료들로부터 압박을 받을 수도 있다. 그럼에도 최종적으로 실험의 방법론을 정하는 주체는 말더듬 성인 자신이다. 어떤 문제를 다룰지, 목표는 무엇인지, 어떤 유형의 실험을 할지, 어디에서, 얼마 동안, 몇 번, 누구와 함께할지 등 모든 사항을 스스로 결정하게 된다. 이렇게 하면서 그는 자신의 치료 과정에 대한 통제력을 갖게 된다. 실험은 치료사가 제안하거나 강요하는 것이 아니라, 말더듬 성인 자신의 것이 되어야 한다.

47 선행 작업

몇 가지 핵심적인 치료를 시작하기 전에 다른 영역에서 준비 작업이 필요할 수 있다. 내담자와 함께 고려해 볼 몇 가지 영역을 살펴보겠다.

지원 메커니즘

이 시리즈의 제목이 '항해 지점'이라면, 지원 메커니즘은 구명 용품에 비유할 수 있을 것이다. 말더듬 성인이 변화 과정에서 어려움을 겪을 때, 의지할 수 있는 충분한 지원이 있는지 확인해야 한다. 치료사가 내담자를 도울 수 있는 방법 중 하나는 그가 진전을 이룰 수 있도록 지원 시스템을 마련하는 것이다. 예를 들어, 가까운 주변인들에게 도움을 요청하거나 내담자를 지원하고 실험에 대해 토론할 수 있는 상호교류의 장을 만드는 것이 될 수 있다. 이러한 지원 시스템을 구축하면, 치료가 끝난 후에도 유용한 장기 전략이 될 수 있다. 이를 통해 말더듬 성인은 자신에게 중요한 사람들과 말더듬과 관련된 문제를 계속해서 공개적으로 논의할 수 있게 된다. 또한 내담자가 지역 내 자조 그룹이나 말더듬 관련 단체(예: British Stammering Association/Stamma)에 가입하도록 장려하는 것도 지원의 한 방법이다. 이는 '제11장'에서 자세히 다루겠다.

선행 기술

특정 목표를 작업하기 전에 준비가 필요한 영역들에 대해 설명하겠다.

변화 준비하기

내담자는 스스로 변화할 수 있는 능력에 대해 자신감을 가지고 있는가? 치료를 시작하는 사람들 중 일부는 이전에 시도하고 실패한 경험 때문에 자신이 성과를 이룰 수 있을지 회의적일 수 있다. 또 다른 이들은 변화를 경계하며 서서히 적응해야 할 수도 있다. 이러한 상황을 관리하기 위해서는 변화에 대비하고 실험을 여유롭게 진행하며 작은 변화부터 시도하는 것이 중요하다. 이와 관련하여 다음과 같은 연습이 도움이 될 수 있다. 먼저 내담자로 하여금 이전에 경험한 긍정적인 변화에 대해 이야기하도록 격려한다. 어떤 변화를 이루었는지, 언제 그 변화를 결정했는지, 어떻게 진행했는지 그리고 이 긍정적인 변화를 이루는 데 중요한 요소가 무엇이었는지를 자세히 이야기하도록 한다.

그런 다음 말더듬 성인에게 일상생활 중 사소한 부분에 변화를 시도해 보도록 요청한다. 이는 외모가 될 수도 있고, 일상의 루틴일 수도 있다. 예를 들어, 평소와 다른 옷이나 다른 머리 스타일을 시도할 수도 있고, 출퇴근 시 평소와는 다른 길로 다녀 볼 수도 있다. 점심 식사로 무엇을 먹을지, 몇 시에 일어나고 잘 것인지, 이를 어떻게 닦을 것인지 등을 결정할 수 있다. 가능한 변화는 무궁무진하지만, 중요한 점은 스스로 선택하는 것이다.

실험 결과는 치료실에서 자세히 논의된다. 치료사는 말더듬 성인이 어떤 기준으로 변화할 영역을 선택했는지, 실험 전, 중간, 후에 어떤 생각과 감정을 가졌는지, 변화가 얼마나 성공적이었는지에 관심을 가질 것이다. 또한 가까운 주변인들이 변화를 유지하는 데 어떤 역할을 했는지도 알아볼 것이다.

이러한 논의와 실험은 도전으로 가는 단계적 구조를 제시하며, 변화의 기반을 마련한다.

불안 관리

내담자는 어떤 일을 하기 전에 불안 수준을 잘 조절할 수 있는가? 말을 더듬는 사람들이 일상에서 항상 불안하거나 긴장하지는 않는다(Alm, 2014). 그러나 말하는 상황과 관련해 불안[상태 불안(state anxiety)]을 경험하는 사람들이 많다. 또한 말더듬으로 인해 전반적으로 불안 상태[특성 불안(trait anxiety)]가 있는 사람들도 있다. 이러한 불안 모두가 내담자가 치료적 실험(therapy experiments)에 참여하는 것을 방해할 수 있다. 공황 상태를 조절할 수 있어야 다른 여러 방식을 시도해 볼 수 있다. 이러한 상황에서 먼저 내담자에게 불안 관리법을 가르치면 중요한 안전망을 만들게 된다. 이는 다음과 같다.

> 말더듬에서 불안의 역할을 이해할 수 있었으면 좋았을 것이라고 생각한다. 특히 특성 불안과 상태 불안의 차이를 이해하는 것이 중요했다.
> – Monica Rocha
> (사적 대화 중에서, 2021)

- 마음챙김 접근법은 현재에 집중하고 지금 일어나는 일을 편견 없이 관찰하는 방법이다. 이렇게 함으로써 스트레스와 불안을 줄일 수 있다(마음챙김에 대해서는 '제12장'에서 자세히 다루겠다).

- 그라운딩(grounding) 작업은 불안을 조절하는 데 효과적이다. 이 작업은 개인의 집중을 불안이라는 감정에서 현재의 순간으로 돌려주는 역할을 한다. 그중 하나인 5-4-3-2-1 기법은 점차적으로 감소하는 수의 대상들을 인식하는 방법이다. 예를 들어, 주변에서 볼 수 있는 다섯 가지 사물, 들을 수 있는 네 가지 소리, 만질 수 있는 세 가지 물건, 인식할 수 있는 두 가지 냄새, 경험 중인 한 가지 맛 등을 떠올린다.

- 불안 조절 훈련(Snaith, 1981; Turnbull & Stewart, 2017) 또는 긴장 조절 훈련(Tension Control Training: TCT)(Williams, 2021)은 정신과 의사 Philip Snaith가 개발한 기법으로, 시각화된 방식으로 불안을 조절한다. 이 기법은 이완 및 인지 요법을 통합한 것으로, 성인이 경험하는 상태 및 특성 불안에 대해 효과가 입증된 방법이다. Williams(2021)는 'Living Life to the Full(www.llttf.com)'이라는 웹사이트를 운영하고 있다. 여기에는 불안 조절 훈련/TCL에 대한 무료 디지털 오디오를 포함한 다양한 자료가 있다. 이를 활용하거나 내담자에게 권유해 보자.

- 간단한 호흡 기법도 도움이 될 수 있다. 호흡 사각형 또는 상자 호흡은 쉽게 가르칠 수 있고 내담자에게 효과적이다. 이름에서 알 수 있듯이 이 기법은 사각형이나 상자의 형상을 중심으로 한다. 먼저 편안하게 앉아 숨을 들이마신 후 4초 동안 잠시 멈추어 숨을 유지한다. 다음으로 입으로 천천히 4초 동안 숨을 내쉬고, 다시 4초 동안 숨을 모두 내보낸 상태를 유지한다. 이때 숨이 호흡 사각형의 면을 따라 이동하는 모습을 시각화할 수 있다. 즉, 숨을 들이마실 때는 사각형의 한 변을 따라 위로 올라가고, 숨을 유지하면서 사각형의 위쪽 선을 가로질러 이동하며, 숨을 내쉴 때는 사각형의 다른 변을 따라 아래로 내려간다. 마

지막으로, 사각형의 아래쪽 선을 가로지르며 숨을 멈춘다.

• 이완(Relaxation) 작업 또한 불안 조절에 효과적이다. 불안이 발생할 때 동반되는 신체 반응 중 하나는 근육 긴장이다. 긴장된 상태와 이완된 상태를 비교하는 운동은 말더듬 성인이 불안을 경험할 때 어떤 근육군이 긴장하는지 식별하는 데 도움을 줄 수 있다. 이를 통해 이완 상태를 더욱 유도하여 심박수와 호흡 속도를 낮추고 불안을 줄일 수 있다. 이러한 접근법은 특정 상황에서 유용할 수 있다. 이완 섹션에서 이에 대해 더 자세히 논의해 보자.

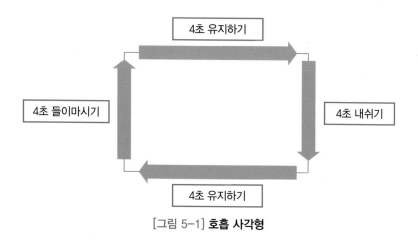

[그림 5-1] **호흡 사각형**

의사소통 기술

말더듬에 대한 치료를 진행하기 전에 효과적인 의사소통 기술을 갖추는 것이 필요할까? 때로는 말더듬 성인이 말더듬 행동(예: 회피 또는 막힘의 지속 시간)과 반응(예: 말더듬을 두려워하는 것, 불완전함을 느끼는 것)에 너무 집중하여 소통의 다른 측면을 놓칠 수 있다. 예를 들어, Penny는 말더듬 수정 기법을 실험하려 했지만, 발화 차례를 효과적으로 지키지 못해 대화를 유지하지는 것이 어려웠다. 핵심적인 변화 실험을 시작하기에 앞서 의사소통 기술을 다루는 것은 이러한 기술이 제대로 형성되었는지를 점검하는 과정이다. 또 추후 실험의 결과가 의사소통 문제로 오인되지 않게 하기 위해 필요하다.

주요 의사소통 기술은 다음과 같다.

- 비언어적 커뮤니케이션(예: 눈맞춤, 표정, 제스처, 자세)
- 청취 기술(예: 적극적 청취, 확인 표현 사용, 내용 청취)
- 대화 기술(예: 인사, 주제 도입, 대화 유지, 마무리)

Turnbull과 Stewart(2017)은 말더듬 성인을 위한 적절한 의사소통 기술 훈련에 대해 자세히 설명하고 일대일치료와 그룹치료에서 사용할 수 있는 여러 활동을 제시했다. Everard와 Guldberg(2021)는 그룹치료 챕터에서 의사소통 기술에 대해 집중적으로 다룬다.

단호함 훈련(Assertiveness Training)

말더듬 성인은 말더듬을 다루기 이전에 자신의 목소리가 다른 사람들에게 더 단호하게 들리도록 만들 필요가 있을까? 몇 가지 연구가 단호함 훈련이 유창성 정도에 영향을 줄 수 있다는 것을 시사하지만(Schloss et al., 1987), 여기에서는 단호함 훈련을 안전망 형성 목적으로 시행하는 것일 뿐 유창성 향상 목적으로는 사용하지 않는다.

예를 들어, Liu는 직장 동료들과 대화할 때 자신의 의견을 주장하기가 어려웠다. 그가 기여한 것들은 무시되거나 쉽게 잊혔다. 사람들이 말을 끊기도 하여 기분이 상하곤 했다. 이 상황에서 그는 다른 그룹 구성원들과 마찬가지로 말할 권리를 주장하는 전략을 필요로 하게 되었다. 그 또한 그룹의 다른 구성원들처럼 말할 차례를 가지며, 그가 말할 때 경청해야 한다는 권리 말이다.

이와 관련한 내용은 다음과 같다.

- I(나) 문장 사용하기: "내 말 먼저 끝낼게."
- 리허설하기
- 반복해서 주장하기(같은 말을 반복한다고 '고장난 라디오' 같다는 말을 들을 수도 있다.)
- 비판 다루기. 즉, 스스로 보호막(fogging) 치기: 비판 자체는 인식하되 선택권을 가진다. "그래, 나도 네가 말할 때 눈을 안 마주칠 때가 있지. 다른 이유가 아니라 네가 말하는 내용에 대해 생각하고 있어서 그래."
- 부정적인 진술하기: "네 말이 맞아. 항상 네가 말한 걸 잘 듣지는 않아."
- 타협 찾기: "네가 지금 이야기하고 싶어 하는 거 이해해. 하지만 난 지금 하던 것을 마저 끝내야 해. 그러니 5분 정도만 기다려 줘. 나중에 앉아서 얘기하자."

Van Riper(1973)는 단호한 화자의 역할을 가르치기 위해 고정 역할 치료법(Fixed Role Therapy)(Kelly, 1955)을 제시했다. 여기서는 자기주장이 강한 사람의 캐릭터 스케치를 알려 준다(Van Riper는 이를 치료사가 작성한다고 말하지만, 나는 내담자가 작성하여 스케치에 대한 소유권을 갖는 것이 좋다고 생각한다).

치료사는 역할을 모델링해 주며 치료실과 이후 실제 생활에서 적용하는 방법을 알려 줄 것이다. 처음에 내담자는 같은 상황에서 이 역할을 짧은 시간 동안 실험해 본다. 이후 며칠 동안 연속적으로 시도해 본다.

말더듬 성인의 단호함 기술을 높이고자 하는 치료사에게는

Nicholls(2009)의 자료가 유용할 것이다.

이완(Relaxation)

말더듬 성인의 긴장 정도는 그가 특정 상황을 처리하는 능력에 방해가 되는가? 단호함 훈련과 마찬가지로 이완은 말더듬에 대한 치료가 아니라, 말더듬 성인이 두려워하고/또는 말을 더듬게 되는 어려운 상황을 관리하는 데 도움이 되는 안전망이다. Manning(2001)은 다음과 같이 썼다.

> 이완은 유창성을 촉진하기 위해서 하는 것이 아니다. 이완의 목적은 내담자에게 스트레스가 생기는 상황에서 더 나은 대응 방식을 가르치는 것이다. 대규모 청중 앞에서 발표하거나 치과 수술을 받는 것과 같은 상황 말이다.
>
> (p. 303)

이완 방법에 대해 알아보자.

① 즉각적인/순간적인 이완 기법

신체의 긴장 부위를 찾기 위해 몸을 스캔하는 방법이 있다. 예를 들면 다음과 같다.

- 부드러운 솔로 몸을 쓸어내리는 상상을 한다.
- 이완 상태가 머리부터 발끝까지 잔물결처럼 퍼져 흐르는 것을 느낀다.
- 주요 신체 부위의 긴장을 풀 수 있도록 다양한 자세를 시도해 본다. 예를 들어, 머리를 중앙에 두고 어깨를 아래로 내리고, 팔과 무릎을 느슨하게 한다.

때때로 내담자는 인지 전략을 이완에 적용할 수 있다. 예를 들면 다음과 같다.

- 자기 대화: "나는 차분하고 이완되었다." "나는 통제력이 있다." 등의 긍정적인 문구를 반복한다.
- 적절한 상상: 자신을 누에고치라고 상상하거나 푹신한 담요를 감싼 듯한 느낌을 상상하는 등 내담자에게 맞는 방법을 선택한다.

② 타임아웃(Time-Out) 기법

주로 조용한 방에서 앉거나 누워서 수행하는 방법이다. 근육을 점진적으로 이완시키며, 모든 근육 조직을 긴장이 없는 상태로 만든다. 발가락이나 손가락 같은 외곽 부위에서 시작하여, 각 주요 근육 부위를 차례로 10초 동안 굽혔다가 풀어 주는 동작을 반복한다. 모든 근육에 대해 이 과정을 반복한다.

③ 깊은 이완

몸과 마음이 모두 이완된 상태를 의미한다. 점진적인 이완 기술(또는 다른 방법)을 수행하면서 규칙적인 횡격막 호흡을 한다. 완전히 이완된 상태가 되면 마음을 가라앉히고 호흡에만 집중한다. 이를 위해 내담자는 집에서 오디오나 디지털 자료를 활용할 수 있다.

〈표 5-3〉 **일반적인 중재**

일반적인 중재(여러 치료 접근법 전에 적용)			
열린 태도 (Openness)	둔감화 (Desensitisation)	의도적으로 말더듬기 (Voluntary stammering)	회피 감소 (Avoidance reduction)

48 열린 태도

> '말더듬은 여기서도 여전히 금기이다.'—말더듬 성인이 이 견해를 계속 유지하게 되면 고립되고 외로워지며, 그들 스스로를 바라보는 방식에 크게 영향을 준다.
>
> – Jan Dezort
> (사적 대화 중에서, 2021)

말더듬에 대해 열린 태도를 갖추는 것은 치료 초기에 중요하게 다루어져야 한다. 이는 치료적 대화에 도움이 되고, 나아가 말더듬에 대해 보다 긍정적인 심리적 대응을 할 수 있도록 한다.

둔감화나 회피 감소, 의도적으로 말더듬기 작업은 열린 태도 기르기에 집중한 후 수행되어야 한다.

열린 태도(Openness)는 말더듬 성인이 대화 상대와 눈을 맞추는 실험부터 시작한다. 이로써 말더듬에 대한 타인의 반응을 직접 보고, 타인이 말더듬에 대해 어떻게 반응하는지에 대한 선입견을 마주한다. 편안한 사람들(가족과 친구)부터 시작하여 권위 있는 사람이나 내담자가 '어려운 상대'로 느끼는 사람들로 확장한다.

둘째로, 내담자는 자신의 말더듬 행동과 심리적 대응을 체크리스트, 자기 기록, 일기 쓰기 등을 통해 확인해야 한다. 이것이 평가 과정에서 진행되었을 수도 있는데, 이 경우에는 다시 하지 않아도 된다.

그리고 나서 내담자가 말더듬을 대화 주제로 하여 이야기해 보도록 권한다. Sheehan 등(2005)은 말더듬 성인이 말을 더듬는 자신을 수용하기 위해서 이를 친구나 지인과 함께 논의하는 것에 대해 다룬 바 있다.

"말더듬는 모습을 드러낼 가능성이 높은 친구나 지인들에게 여러분의 말더듬에 대해 이야기해 보세요. 말을 더듬는 사람으로서의 자신의 모습을 수용하기 시작하세요."

편안한 사람들부터 시작하여 다양한 방법으로 대화를 시작할 수 있다.

- 제 말더듬을 많이 느끼시나요?
- 왜 그런지 궁금하신가요?
- 저 이외에도 말더듬는 사람을 아시나요?

쉬운 사람부터 가장 어려운 사람들까지 단계적인 구조를 밟아 가며 실행한다. 그런 다음 동료들과 함께 대중에게 말더듬에 관한 간단한 설문 조사를 실시하도록 과제를 받을 수도 있다. 이는 그룹에는 훌륭한 훈련이지만, 혼자서 처음 수행한다면 겁이 날 수 있다. 개별로 설문 조사를 진행하는 방법이 있기는 하다. 현재 치료를 받는 다른 내담자나 지역 자조 그룹의 회원에게 도움을 청하여 함께 설문 조사를 진행하는 것이다. 이는 다른 말더듬 성인/또는 지역 자조 그룹과 상호지지적인 관계를 시작할 수 있다.

질문의 예는 다음과 같다.

- 말더듬에 대한 지식: 말을 더듬는 친구나 가족이 있나요? 말을 더듬는 사람을 만나 본 적이 있나요? 말더듬이 무엇인지 아세요?
- 원인에 대한 생각: 무엇이 말더듬의 원인이라고 생각하나요? 말더듬은 의학적인 문제인가요, 심리적인 문제인가요, 아니면 또 다른 종류의 문제인가요? 어떤 부류의 사람들이 말을 더듬나요?

- 치료에 대한 생각: 말더듬에 대해 어떻게 대처할 수 있을까요? 어떤 치료가 가능할까요? 말더듬는 사람들을 위한 언어치료에 대해 들어 본 적이 있나요?
- 말더듬에 대한 감정: 말더듬는 사람과 대화할 때 어떻게 행동하시나요? 가장 도움이 되는 반응은 무엇이라고 생각하나요?
- 사회 모델: 말더듬는 사람들이 사회에서 부정적인 일을 겪는다고 생각하나요? 말더듬 때문에 불이익을 받는다고 생각하나요?(Turnbull & Stewart, 2017, p. 112)

Linklater(2021) 또한 이러한 유형의 설문 조사 사용을 적극 권유한다. 그의 내담자들은 이와 유사하면서 약간 다른 질문이 포함된 설문지를 사용하고 있다.

말더듬에 대해 열린 마음을 가지는 태도는 치료 이후에도 유지되어야 한다. 이를 통해 말더듬 성인은 자신과 자신의 말더듬을 다른 사람에게 소개할 때 더 편안해지고 통제력을 얻게 된다. 친구, 가족들과 주기적으로 말더듬에 대해 이야기하면, 편견은 사라지고, 더 이상 금기로 여기거나 숨겨야 할 주제가 되지 않는다. 더 나아가 말더듬 성인은 자신을 전문가로 받아들이고 말더듬과 말더듬 하는 사회에 대한 옹호자가 될 수 있다('제8장'에서 이 역할에 대해 더 자세하게 다루겠다).

> 체코에서는 부모가 아이들과 그들의 언어 문제에 대해 이야기를 나누지 않는 것이 오랜 관습이다. 말더듬은 이곳에서는 여전히 금기시되는 주제이다. 불행히도 말더듬을 겪는 사람들도 이러한 관점을 가지고 있으며, 그들은 고립되어 외로움을 느끼며 자신을 인식하는 방식에 큰 영향을 받는다. 우리가 이 주제를 가족, 학교 및 사회 전반에 공론화시킬 때, 모든 말더듬을 겪는 사람이 자신의 잠재력을 최대한으로 발휘할 수 있게 될 것이다.
> – Jan Dezort
> (사적 대화 중에서, 2021)

49 둔감화

Van Riper(1973)는 둔감화(Desensitisation)의 주목표를 다음과 같이 설명한다.

> 수반되는 감정의 강도를 충분히 낮춰서 행동이 관리 가능한 수준이 되도록 한다.
>
> (p. 274)

이 과정에 전제가 있다. 어느 정도 선에서 말더듬은 '사람이 나타내는 반응의 결과'라는 것이다. 즉, 말더듬을 멈추기 위해 하는 행동이다.

가령, 비유창하게 말하는 아동이 있다. 쉬운 반복부터 시작하여 호흡을 참고 막힘으로 가는 것이 관찰된다. 이는 그의 말더듬에 대한 인식과 민감도(sensitivity)가 증가하면서 나타난다. 또한 말더듬에 민감하게 반응하면서 부끄러움, 죄책감, 분노 및 좌절과 같은 '표면 아래'의 내부적 말더듬 특징이 전개되는 것을 볼 수 있다.

말더듬을 다루는 많은 치료적 접근법에서 둔감화를 매우 중요하게 다룬다.

> 둔감화는 대부분의 치료적 개입에 있어 필수적이고 주요한 부분으로 여겨진다. 변화를 유지함에 있어 중요하다.
>
> (Turnbull & Stewart, 2017, p. 107)

그러나 말더듬을 겪는 많은 사람에게 이는 어려운 도전 과제이다. 주변의 돌봄과 이해, 적절한 시간이 있어야 한다. 치료사는 내담자

> 말더듬 내담자들과 처음으로 치료를 시작할 때, 내게 용기가 더 있었으면 좋겠다. 둔감화 단계는 다루기 쉽지 않다. 언어치료사는 내담자와 함께 적절한 때에 이 단계를 시도해야 한다. 15년 전, 자발적으로 말더듬 모델링을 보일 때에는 정말 불편했는데, 이제는 훨씬 더 자신 있게 할 수 있다.
>
> – Selma Saad
> (사적 대화 중에서, 2021)

에게 프로세스에 대해 충분히 설명해야 한다. 이론적 근거도 알려 준다. 또 외부적이고 관찰 가능한 말더듬 행동이 잠시 증가할 수도 있다는 사실에 대해 내담자에게 알릴 필요가 있다. 치료사는 용기를 가져야 한다. 치료실과 밖에서 자신의 내담자처럼 말을 더듬으면서 말더듬에 대한 자신의 수용력을 보여 줄 수 있어야 한다. 내담자는 둔감화 훈련을 통해 말더듬을 개방한다. 스스로를 감추기 위해 이전에 사용해 온 전략들을 벗겨 낸다.

결과적으로 말더듬이 완전히 드러나게 되고, 이에 대한 개인의 수용력을 높이는 것이 이 치료의 한 단계이다. Van Riper(1973, p. 274)에 따르면 이 단계는 다음 세 가지 영역에서 다루어진다.

- 말더듬 직면하기: 말더듬을 숨기는 전략을 없애고 공개적으로 말을 더듬는 것
- '핵심 행동'에 대한 수용력 향상시키기: 스스로와 다른 이들의 말더듬을 부정적인 반응 없이 관찰할 수 있는 능력
- 의사소통 스트레스와 청자 불이익에 맞서기: 자신의 속도에 맞추어 말할 수 있고, 끼어듦, 침묵, 반복해 달라는 요청 등 부정적인 청자의 반응을 관리할 수 있는 능력

말더듬을 직면하는 방법에는 다음과 같은 것들이 있다.

- 가까운 주변인들에게 말더듬 행동과 관련한 개인적 경험에 대해 이야기하기
- 말더듬과 관련된 감정에 대해 가까운 주변인들과 이야기하기
- 말더듬과 관련한 최악의 상황을 상상해 보고, 이를 치료사와 가까운 주변인들에게 이야기하기
- 말더듬 유형의 예시를 보고, 반복/지연의 횟수 등을 분석하는 연습하기
- 말하는 동안 자신의 모습을 비디오로 찍고, 이를 치료사의 지지를 받으며 함께 시청한 후, 다시 가까운 주변인들과 시청하기

핵심 행동에 대한 수용력을 높이는 방법은 다음과 같다.

- 방금 발생한 말더듬/회피행동을 인지하고 대화 상대에게 이에 대해 이야기하는 것이다. 예를 들어, "방금 말을 더듬었어요. 그 단어는 항상 말하기 어려워요." "보통 이 단어는 말더듬 때문에 피하곤 하는데, 오늘은 시도해 볼래요."와 같은 식이다.
- 말더듬 시 얼어붙기(freezing), 즉 말더듬 순간을 유지하는 것이다. 반복을 다시 하거나, 연장한 말을 더 늘리는 것이다.
- 말더듬을 수집하는 것이다. 이는 특정 유형의 말더듬 발생을 모니터링하고, 매일 달성해야 할 말더듬 목표를 설정하는 것이다.
- 다양한 상황에서 말을 더듬는 자신의 모습을 영상으로 찍고 치료사와 함께 본 다음, 가까운 주변인들과도 다시 보는 것이다.

의사소통 스트레스와 청자 불이익에 맞서는 방법에는 다음과 같은 활동들이 있다.

- 침묵에 대한 수용력 향상
- 시간 압박에 대한 수용력 향상
- 눈맞춤 유지
- 멈추기
- 역할 연기를 하며 어려운 청자에게 말하기: 연기할 역할에는 주의가 산만한 청자, 끼어들거나 반복을 요청하는 사람들, 눈맞춤이 부족하거나 말더듬을 따라 하는 사람들 등이 포함된다.
- 스피치 서클(Glickstein, 1999): 스피치 서클은 그룹 활동이다. 치료사는 여기서 구성원들과 동등한 역할을 맡는다. 그룹원들은 반원 형태로 앉아 있고, 한 명씩 차례대로 사람들 앞에 선다. 서 있는 사람은 30초 동안 사람들과 눈을 마주친다. 이 시간이 끝나면 시간을 재는 사람이 시간이 지나고 있음을 알린다. 앞에 있는 사람은 나머지 시간(예: 1분) 동안 말을 하거나 계속해서 눈을 마주칠 수 있다. 이 두 번째 시간이 지나면 그는 박수를 받고 의사소통/발표에 대해 간단히 긍정 피드백을 받는다(발표 내용이 아닌). 발언자는 청자의 피드백에 대해 언급하지 않고, 그것을 인정하고 청자에게 감사의 말을 한다. 모든 사람이 차례를 마쳤으면, 두 번째 라운드가 진행되며, 이때는 선택 사항인 말하기 섹션이 늘어난다(예: 2분이나 3분). 이는 그룹의 크기와 시간에 따라 다를 수 있다.

Turnbull과 Stewart(2017), Everard와 Guldberg(2021), Linklater(2021)의 논문에서 다른 활동에 대해 자세히 다루고 있다.

50 의도적으로 말더듬기

말더듬 성인에게 의도적으로 말을 더듬어 보라는 제안은 종종 이들을 당황스럽고 혼란스럽게 할 수 있다. 말더듬 행동을 완화하는 치료를 받아 왔건만, 이제 치료사는 더 많이 말더듬을 할 것을 권유하고 있다. 특히 Levy(1987)에 따르면, 이 역설적인 치료는 조금 더 내밀하거나 내향적인 말더듬 성인에게 도움이 되는 전략이다. 이 기법의 여러 이점들은 다음과 같다.

> 일부러 말을 더듬는 것은 정말 유용하다. 내담자가 두려워할지라도 그를 설득하는 것이 가장 좋은 것임을 알았어야 했다.
> 말더듬에 대해 의도적으로 솔직하지 않은 사람들에게는 일부러 말을 더듬는 과정이 필요하다는 것을 이제야 깨달았다. 말더듬 성인들은 말더듬의 유형을 알아야 한다. 그래야 말더듬에 대한 두려움을 줄이고 어떤 식으로든 말더듬을 조절하게 된다.
>
> – Jo Van der Sypt
> (사적 대화 중에서, 2021)

- 둔감화
- 다른 방식으로 의도적으로 말을 더듬을 수 있다는 깨달음
- 제어 가능한 방식으로 말을 더듬는 법을 배움
- 대놓고 말을 더듬으면서 통제감을 느낌
- 자기 자신과 말더듬는 순간을 분리시켜 독립성을 가짐
- 말을 더듬을 때 다른 의사소통 측면에 집중할 수 있는 능력이 생김. 예를 들어, 눈맞춤, 청중 반응 등
- 개방적으로 말더듬기와 관련된 부정적인 감정(예: 불안, 스트레스, 죄책감) 줄이기
- 회피 감소시키기(특히 소리와 단어들에 대한)
- 말더듬 성인의 역할 수용
- 말더듬 행동 수정으로 연계되는 과정

치료사들은 내담자들과 함께 하면서 종종 의도적으로 말더듬기가 정확히 무엇인지 혼란스러워한다. 의도적으로 말더듬기를 말더듬 성인의 말더듬 변형으로 잘못 생각할 수도 있다. 이는 말더듬이 나타나는 방식을 특정하게 바꾸는 것으로, 나중에 시도할 수 있는 전략이다('제7장' 참조). 그래서 의도적으로 말더듬기가 정확히 무엇인가? Sheehan과 Voas(1957)에 의하면, 잘된 의도적으로 말더듬기의 기준은 다음과 같다.

- 눈맞춤을 잘함
- 단어의 첫소리를 연장하거나 늘어뜨림
- 단어의 첫소리를 부드럽게 반복하거나 튕김
- 평소 두려워하지 않는 단어의 사용
- 급하지 않음
- 단어마다 길이가 다양함
- 부드럽게 이완된 상태
- 말이 계속 진행됨

* 참고: Sheehan과 Voas(1957)와 Linklater(2021)는 반복과 연장을 같이하는 것보다는 연장만 하는 것이 더 낫다고 본다. 반복이 말의 흐름을 방해한다고 여긴다. 말이 지속적으로 흐르는 것은 의도적으로 말더듬기의 중요한 기준이기 때문이다.

> 의도적으로 말더듬기를 처음으로 시도했을 때, 나는 말더듬 성인의 감정을 이해할 수 있게 되었다. 또 우리의 입장을 치료사–내담자에서 파트너–내담자로 바꾸어 내 작업의 역학을 완전히 바꾸어 놓았다.
> – Jan Dezort
> (사적 대화 중에서, 2021)

의도적으로 말더듬기를 가르치기 전에 그 근거에 대해 충분히 설명해 주고 폭넓게 의논해야 한다. 말더듬 성인에게 관련된 읽기 자료를 제공해 가족, 다른 사람과 논의할 수 있도록 한다. 또한 이전에 의도적인 말더듬기를 경험해 본 내담자를 회기에 참석시켜 이 기법에 대한 경험, 장점 및 단점, 조언을 나누도록 하면 도움이 된다.

치료사는 일대일치료에서 내담자에게 의도적으로 말더듬기를 보여 준다. 이것을 읽기, 독백, 질문과 답변 활동에서 해 보고, 마지막에는 자유 대화에서도 진행할 수 있다.

진행하면서 치료사는 말더듬 성인이 신경 써야 할 여러 요소에 대해 언급한다.

- 눈맞춤
- 의도적으로 사용한 말더듬 유형: 연장이나 반복(prolongation/slide or repetition/bounce)
- 왜 그 유형을 선택했는지(여기서 특정 유형의 발음이 어떤 유형의 의도적 말더듬에 가장 적합한지에 대한 대화가 필요하다. 예: 파열음, 비음, 마찰음 및 파찰음에 대한 반복, 마찰음, 지속음, 비음, 모음에 대한 연장)
- 반복 횟수 및 연장 시간
- 속도와 타이밍
- 가볍게 조음 접촉하기
- 단어 선택 등

이러한 시연을 치료실 밖에서도 진행하여 말더듬 성인에게 의도적으로 말더듬기가 일상생활에서 어떻게 사용될 수 있는지 보여 준다. 예를 들어, 카페나 음식점에서 주문하거나, 지나가는 사람에게 시간이나 장소에 대해 물어본다. 이때 말더듬 성인은 대화 상대의 반응을 관찰할 수 있다. 이 모니터링 내용과 치료사가 보여 준 의도적인 말더듬기에 관련해 질문이 있으면, 치료실에서 다시 논의할 수 있다.

그런 다음 이번엔 내담자가 읽기, 독백, 질문-답변 연습 및 대화에서 치료사와 같은 방식으로 연습하는데, 더 긴 시간 동안 진행한다. 이 연습을 통해 그는 기법을 조금 더 잘 사용하게 될 것이다. 눈을 잘 맞추고, 자신이 두려워하지 않는 단어에서 적절한 속도로 연장과 반복을 모두 사용할 수 있을 것이다. 그다음에는 쉬운 것부터 어려운 것까지 상황을 계획한다. 일상생활로 실험이 확장되는 것이다.

일부 치료사는 연장과 반복기법에서 자신의 말더듬을 모방하는 의도적으로 말더듬기(voluntary stammering)로 나아가는 진행을 권한다. Byrd 등(2016)은 의도적으로 말더듬기가 말더듬 성인의 정서적, 행동적, 인지적 요소에 미치는 효과에 대해 연구했다. 내담자는 처음에 의도적으로 말을 더듬는 것을 주저하지만, 의도적인 말더듬이 자신의 실제 말더듬에 가까울수록 치료실 외부에서 사용될 때 더 큰 이점을 얻었다.

치료를 진행하는 중간중간에 의도적인 말더듬기 시 느끼는 감정에 대해 내담자와 이야기를 나눈다. 치료사는 불안과 같은 부정적인 감정이 커지는 것은 아닌지 모니터링하고, 필요시 내담자가 지닌 '안전망'을 상기시켜 준다.

51 회피 감소

말을 더듬는 많은 사람에게 회피행동은 말더듬의 가장 심각한 측면일 수 있다. 회피행동으로 사회 및 직업적 참여가 감소한다. 또한 시간이 지나면서 자기 통제력을 잃은 느낌, 기분이 저하되고 불안이 증가하는 것과 같은 부정적인 정서로 이어질 수 있다.

(Blumgart et al., 2010)

말더듬이 있는 사람들이 자주 사용하는 전략 중 하나는 회피이다. 그 핵심에는 두려움과 말을 더듬을 것 같은 느낌이 있다. 왜 말더듬 은 그렇게 많은 불안을 느끼게 하여 회피를 하도록 만들까? 한 말더 듬 성인과 대화를 나누었을 때, 그는 두려움의 핵심은 통제 불능에 대한 공포라고 말했다.

> 사회적 상황에서 통제력을 잃는 느낌이에요. 마치 버스를 타고 있는데 갑자 기 바지를 입지 않은 것을 깨달은 꿈 같아요. 자기를 드러내는 것과 관련해서 통제를 잃는 느낌이죠. 누군가를 만날 때 우리는 어떤 모습으로든 각자를 표현 하려 하지만 그때 말더듬이 나와서 그것을 완전히 방해해요. 스스로를 말더듬 는 사람으로 받아들이지 않는 한 알몸 상태로 출근할 수밖에 없는 거죠!
>
> (MB)

Sheehan(1975) 등에 따르면 이 두려움은 다양한 수준에서 회피행 동으로 이어진다.

- 음소(Logan & Sheasby, 2007): 예를 들어, 단어에서 두려운 음소 를 생략하거나 '음' '어'를 사용하거나, 삼킴, 헛기침하기
- 단어: 예를 들어, 관련된 혹은 관련되지 않은 다른 단어로 치환 하기. 이는 에둘러 말하거나 단어를 재배열하는 것으로 이어질 수도 있다.
- 말: 예를 들어, 다른 사람들 앞에서 드러나게 말을 더듬는 대신 침묵을 선택한다.
- 상황: 예를 들어, 특정 발화 상황에 참여하지 않기. 더 일반적으 로는 다른 사람들 앞에서 말해야 하는 상황을 피하려 한다.
- 감정: 예를 들어, 특정 감정(예: 분노나 감사)을 표현하지 않음. 방

어 태세를 유지하지 않으면 말더듬이 발생할 수 있기 때문이다.

- 관계: 예를 들어, 자기소개하기, 낯선 사람과 대화하기, 관계를 쌓고 대화를 더 발전시키기(예: 질문하기, 답변하기), 관계를 지속하는 활동(예: 추후 다시 전화하기), 다른 이들을 긍정하고 지지하기와 같은 일들을 피하려고 한다.

- 자아상: 예를 들어, 말을 더듬는 사람으로서의 자신을 수용하지 않기(예: 말더듬과 관련한 동작과 행동이라는 시각으로 보기) (Sheehan, 1975). 자신의 삶을 말더듬이라는 렌즈를 통해 보는 것과 같다. 예를 들어, "내가 말을 더듬어서 교사가 될 수 없었어요!"라고 말한다.

- 행동하려는 의향(Stewart, 2012): 활동에 참여하지 않거나 사회에서 수동적으로 행동하고 참여를 꺼리는 것을 넘어선다. 다양한 수준(예: 단어, 말, 상황, 감정 등)에서 극단적인 회피행동을 보이며 활동하려는 의도가 없다. 말을 더듬을 것 같으면 말하거나 행동하지 않는다. 유창성이 저하될 것 같은 상황을 피한다. 이미 자신의 말더듬을 알고 회피행동을 이해해 주는 사람들과만 관계를 맺는다. 우울하거나 체념한 듯한 모습을 보일 수 있다.

이러한 수준들이 위계가 있는 것은 아니다. 단어 회피 같은 단일 수준 회피행동들은 독립적으로 나타날 수 있다. 다만, 일반적으로는 여러 수준의 회피행동을 동시에 한다. 예를 들어, 단어를 바꾸는 말더듬 성인은 가게에서 특정 물건을 달라고 요청하거나 버스나 기차 매표소에서 특정 목적지를 말하는 데 어려움을 겪을 수 있다. 이에 따라 상황 회피와 단어 회피를 모두 겪게 되는 것이다.

어떤 사람들은 복잡한 회피행동을 바탕으로 삶을 꾸려 왔기 때문에 경험이 부족한 관찰자가 보기에는 매우 유창해 보일 수 있다.

그들은 숨은(covert)(Starkweather, 1987) 또는 내면화된 말더듬인 (interiorised stammerers)이라고도 볼 수 있다(Douglass & Quarrington, 1952).

가끔 내담자나 가까운 주변인들이 합리적으로 보이는 질문을 하곤 한다. "어려워서 회피하는 것이고 그렇게 해서 말더듬을 피할 수 있는데, 그게 문제인가요?" 답은 이렇다. 가끔 하는/가벼운 회피는 문제가 없다. 문제가 되는 건, 회피를 함으로써 하고 싶은 행동이나 되고픈 모습을 타협할 때이다. 예를 들어, 하고 싶은 말을 하지 않거나, 특정 상황에서 참여하지 않아 삶에서 주어지는 기회를 놓칠 수 있다. 원하는 관계와 우정을 맺지 못하거나, 감정을 표현하지 않거나, 본래의 자신이 되지 못하는 것이다.

치료를 받으러 온 말더듬 성인들은 회피의 다양한 수준에 대해 저마다 다른 감정을 가지고 있다. 따라서 어떤 회피행동을 먼저 줄이는 것이 가장 좋을지를 내담자에게 물어야 한다. 상황 회피를 다루는 것이 쉬울까, 단어 회피를 다루는 것이 쉬울까? 혹은 감정 표현을 회피하는 행동을 우선적으로 다루는 것이 좋을까?

말더듬 성인이 자신이 줄이고 싶어 하는 회피 수준을 정했다면, 이제 작고 관리하기 쉬운 단계를 만든다. 자신만의 실험 위계를 만드는 것이다. 가장 두려운 상황이나 행동을 가장 위에, 가장 덜 두려운 것을 가장 아래에 둔다. 이것이 치료 계획의 기초가 된다. 그런 다음 얼마나 두렵거나 고통스러울 것으로 예상하는지 각 항목에 점수를 매긴다.

〈표 5-4〉 Eric의 예시: 단어 회피 위계 구조

항목 순서 (가장 두려운 것부터 덜 두려운 것)	예상되는 불안 정도	실제 불안 평가 (경험 후 즉각 점수화)
회피행동을 한 후에 말을 더듬을까 봐 걱정되어서 단어 말하는 것을 회피했다고 이야기하기		1. 2. 3. 4. 5.
회피행동을 한 후, 바로 대화에서 두려웠던 단어를 다시 사용하고, 그날 또 다른 상황에서 다시 말하기		1. 2. 3. 4. 5.
매일 10~20개의 두려운 단어를 선정하여, 집에서, 직장에서, 퇴근 후 친구들을 만날 때 다양한 대화에 이들 단어를 사용하도록 결정하기		1. 2. 3. 4. 5.
집에서 동화를 읽을 때 나오는 (모든) 두려운 단어 말하기		1. 2. 3. 4. 5.
친구에게 하루에 하나씩 두려운 단어 말하기		1. 2. 3. 4. 5.
애인/배우자와의 대화에서 하루에 하나씩 두려운 단어를 말하기		1. 2. 3. 4. 5.

치료 회기에서 두려운 단어를 말하는 연습하기		1. 2. 3. 4. 5.

그러면 말더듬 성인은 자신의 목록에서 가장 위협이 덜되는 항목부터 시작하는 것이다. 치료사나 가까운 주변인들과 역할극을 할 수도 있고, 특정 상황에 놓인 자신을 구체적으로 상상할 수도 있다. 해당 항목에서의 불안이 내담자가 평가하는 가장 최소의 정도가 될 때까지 연습을 반복할 수 있다. 그리고 나서 목록의 다음 항목으로 넘어간다.

요약하면, 회피행동을 극복하기 위한 열쇠는 내담자 자신의 위계구조에 기반한 실험을 하는 것이다. 말더듬 성인은 불안이 관리 가능한 수준으로 줄어들 때까지 작은 단계를 여러 차례 반복해야 한다.

📖 참고 문헌

Alm, P. A. (2014). Stuttering in relation to anxiety, temperament, and personality: Review and analysis with focus on causality. *Journal of Fluency Disorders, 40*, 5-21.

Beck, A. T. (1993). *Cognitive Therapy & the Emotional Disorders*. New York: Penguin.

Blomgren, M. (2013). Behavioral treatments for children and adults who stutter: A review. *Psychology Research & Behavior Management, 6*, 9-19.

Blumgart, E., Tran, Y. & Craig, A. (2010). Social anxiety disorder in adults who stutter. *Depression & Anxiety, 27*(7), 687-692.

Burgess, S. (2019). www.health.org.uk/improvement-projects/

delivering-speech-and-language-therapy-through-telemedicine-
to-adults-who-stammer [Accessed 2 August 2021]

Byrd, C. T., Gkalitsiou, Z., Donaher, J. & Stergiou, E. (2016, August 1).
The client's perspective on voluntary stuttering. *American Journal
of Speech-Language Pathology, 25*(3), 290-305.

Douglass, E. & Quarrington, B. (1952). The differentiation of interiorized
and exteriorized secondary stuttering. *Journal of Speech & Hearing
Disorders, 17*, 377-385.

Everard, R. (2021). *Report on Stuttering Treatment within the Social
Model of Disability; Resolving Contradictions and Double
Messages.* A presentation by Vivian Siskin at the Oxford Dysfluency
Conference January 2021, Signal.

Everard, R. & Guldberg, C. (2021). Working together: The power of the
therapeutic group. In T. Stewart (ed.), *Stammering Resources for
Adults and Teenagers: Integrating New Evidence into Clinical
Practice.* London: Routledge, Taylor & Francis Group.

Glickstein, L. (1999). *Be Heard Now! Tap into Your Inner Speaker and
Communicate with Ease.* New York: Broadway Books.

Harris, R. (2009). *ACT Made Simple. Oakland*, CA: New Harbinger
Publications Inc.

Kelly, G. A. (1955). *The Psychology of Personal Constructs.* New York:
Norton.

Levy, C. (1987). Interiorised stuttering: A group therapy approach. In C.
Levy (ed.), *Stuttering Therapy: Practical Approaches.* London:
Croom Helm.

Linklater, J. (2021). Principles of avoidance-reduction therapy. In T.
Stewart (ed.), *Stammering Resources for Adults and Teenagers:
Integrating New Evidence into Clinical Practice.* London: Routledge,
Taylor & Francis Group.

Logan, J. & Sheasby, S. (2007). Using therapeutic writing to support a client's new story. *Signal, 27*, 2-3.

Manning, W. H. (2001). *Clinical Decision Making in Fluency Disorders*. Canada: Singular Thompson Learning.

Nicholls, S. (2009). *Let's Talk Assertiveness*. London: Routledge, Taylor & Francis Group.

Plexico, L., Manning, W. H. & DiLollo, A. (2005). A phenomenological understanding of successful stuttering management. Journal of Fluency Disorders, *30*, 1-22.

Richter, Z. & St Pierre, J. (2014). Did I stutter? Project. www. didistutter. org [Accessed 2 August 2021].

Schloss, P. J., Freeman, C. A., Smith, M. A. & Espin, C. A. (1987). Influence of assertiveness training on the stuttering rates exhibited by three young adults. *Journal of Fluency Disorders, 2*(5), 333-335.

Sheehan, J. (1975). Conflict theory and avoidance-reduction therapy. In J. Eisenson (ed.), *Stuttering: A Second Symposium*. New York: Harper Row.

Sheehan, J. G. & Voas, R. B. (1957). Stuttering as conflict: Comparison of therapy techniques involving approach and avoidance. *Journal of Speech & Hearing Disorders, 22*(5), 714-723.

Sheehan, V. M., Shanks, P. & Mereu, S. (2005). *Easy Stuttering: Avoidance-Reduction Therapy*. Santa Monica, CA: Sheehan Stuttering Center.

Siskin, V. (2021, January). *Stuttering Treatment within Social Model of Disability; Resolving Contradictions and Double Messages*. Presentation at the Oxford Dysfluency Conference, Oxford.

Snaith, R. P. (1981). *Clinical Neurosis*. Oxford: Oxford University Press.

Starkweather, C. W. (1987). *Fluency & Stuttering*. Englewood Cliffs, NJ: Prentice-Hall Inc.

Stewart, T. (2012). Avoidance in adults who stammer: A review and clinical discussion. *Polish Forum Logopedyczne, 20*, 20-29.

Turnbull, J. & Stewart, T. (2017). *The Dysfluency Resource Book*, 2nd edition. London: Routledge, Taylor & Francis Group.

Van Riper, C. (1973). *The Treatment of Stuttering*. Englewood Cliffs, NJ: Prentice-Hall, Inc.

Williams, C. (2021, February). Tension control training [online]. www. llttf.com [Accessed 4 February 2021].

Yaruss, J. S. & Quesal, R. W. (2004). Stuttering and the international classification of functioning, disability, and health: An update. *Journal of Communication Disorders, 37*(1), 35-52.

📖 기타 참고 자료

Avoidance Reduction Therapy in a Group Setting. (Vivian Siskin). In this 2-hour DVD, Vivian Siskin 'walks clinicians through methods of group therapy while providing the nuts and bolts of Avoidance Reduction Therapy'. As well as a tutorial for SLTs, the DVD can serve as a self-primer for a PWS.

Fluency shaping vs stuttering modification by Uri Schneider. Available on YouTube: Schneider Speech.

Message to a Stutterer and No Words to Say. This DVD includes 'Message to a Stutterer' (34 minutes), a documentary tribute to eminent American psychologist Joseph Sheehan, who ran the stammering clinic at the University of California for 35 years. It comprises archive footage of research, experimentation, lectures and TV appearances outlining avoidance reduction therapy. In 'No Words to Say' (56 minutes), filmed at UCLA's stammering clinic, students share their personal experiences: their fears, failures and triumphs.

Fluency shaping vs stuttering modification by Uri Schneider. Available on YouTube: Schneider Speech.

치료:
유창성 수정 접근법('더 유창하게 말하기')

52 다양한 전략 사용

유창성 수정에 대해 De Nil과 Kroll(1995)은 간결하게 설명했다. 이 접근법에는 기본 전제가 있다. 말더듬은 유창한 말의 규칙들에 체계적으로 노출됨으로써 수정될 수 있는 신체 행동이라는 것이다. 재구성되는 구체적이고 관찰 가능한 발화 행동에는 발화 속도, 호흡, 성대진동(voice onset), 조음과 관련된 것들이 있다. 내담자들은 처음에 독립적으로 지도 받은 개별 반응 단위에 대해 구체적으로 지시를 받는다. 이러한 반응은 점차 더 복잡한 이야기로 나아가고 최종적으로 대화 상황에서의 말하기로 전환된다.

Goldiamond(1965)는 1960년대에 이 기법을 소개하였다. 그는 말더듬 성인이 이 기법을 사용하여 유창하게 말하기를 달성할 수 있음을 보여 주었다. 초기 연구 이후 유창성 수정은 다양한 전략 접근법을 통해 지도되었다. 몇 가지 기법이 결합되어 말더듬 성인은 자신의 비유창한 말하기 방식과는 다른 말하기 방법을 택할 수 있었다. 이 말하기 방식은 종종 '부드럽게 또는 느리게 말하기(Smooth or Slowed speech)'라고 불린다. 이는 다음과 같은 요소들로 구성된다.

- 가벼운 발음 접촉(light articulatory contacts)
- 소리의 연장(prolongation of sounds)
- 쉬운 시작 또는 부드러운 시작(easy onset or gentle starts)
- 발화 속도 조절(rate control)
- 규칙적이고, 편안한 호흡(regular, relaxed breathing)('제5장 Point 47'에서처럼 불안을 관리하기 위해 호흡 기술을 사용하는 것이 아니다. 여기서 다루는 것은 어떻게 말더듬과 관련된 호흡을 바꾸어 유창성 수준을 향상시킬 수 있을지에 대한 내용이다.)

Blomgren(2013)은 이러한 기법들의 결합을 말의 재구성(speech restructuring)이라고 설명한다. 말의 재구성은 내담자가 새로운 발화 패턴을 사용하는 법을 배우는 언어치료이다.

'유창성 형성(fluency shaping)' 또는 '연장하여 말하기(prolonged speech)' 치료라고도 한다. 느리게 말하기 또는 연장하여 말하기는 새로운 말하기 방식의 주 구성 요소이다. 말더듬 성인은 조음 시 들어가는 압력을 줄이는 법과 목소리를 점진적으로 제어하는 법을 배우게 된다. 기본 전제는 이들이 자신이 가진 말 운동 제어 능력을 넘어서는 전략을 습관적으로 쓴다는 것이다. 말의 재구성의 목표는 새로운 말 산출 패턴을 촉진시켜 유창한 발화를 만드는 것이다.

이 모든 기법을 함께 사용함으로써 말더듬 성인은 비유창한 발화를 없앨 수 있다. 그러나 그 대가로 매우 다른 스타일의 말을 하게 될 수 있고, 듣는 이들 중 일부는 이를 부자연스럽다고 느낄 수도 있다. 유창성을 만드는 요소들은 유지하면서 보다 자연스러운 말로 바꾸는

> 이 기술들을 사용하는 데 얼마나 많은 에너지가 드는지, 또 말더듬 성인이 이를 집중해서 사용하는 것이 얼마나 어려운지를 알았으면 좋았을 것이다.
>
> – Jeanette Zammit
> (사적 대화 중에서, 2021)

작업이 필요하다. 그리고 기법과 관련하여 중요한 사항은 항상 이 방식을 사용해야 한다는 것이다.

어디에 있든, 누구와 있든 말더듬 성인은 말할 때마다 이 전략을 사용해야 한다. 이는 매우 어려운 일이다. 그러나 할 수 있다. 나의 내담자 중에서도 부드러운 말투를 수용하고 자연스럽게 들리도록 만든 사람들이 있었다. 그러나 이는 극도의 집중력과 결단력이 필요하다. 내담자들에게는 종종 너무나 부담스러운 과정이다.

Brendan은 20대 초반 구직 활동을 하던 중 의사를 통해 의뢰되었다. 그 당시 그는 (자신이 보기에) 취직을 할 수 있도록 말더듬을 없애고 싶어 했고, 연장하여 말하기 형태로 수정하여 말하는 법을 배웠다. 그는 치료실에서, 또 치료실 바깥의 다른 통제된 대화 상황에서 유창하게 말할 수 있었다. 그 후 정기적으로 치료를 받았으며, 필요할 때만 이 기술들을 사용했다고 보고했다. 그러나 Brendan은 얼마 후 다시 치료실에 찾아왔다. 첫째 아이가 곧 태어날 예정이었다. 이때 그는 특히 읽기에서 자신의 유창성 전략을 다시 강화하고자 했다. 벌써부터 자신이 갓난아이 앞에서 말을 더듬을 것 같다는 예감이 들었기 때문이다. Brendan은 잠들기 전 아이에게 동화를 유창하게 읽어 줄 수 있기를 바랐다. 그의 요청에 맞추어 작업을 시작했는데, 사실 그가 치료실을 찾은 진짜 이유는 따로 있었다. 그는 아이가 말을 더듬을 가능성에 대해 이야기하고 싶어 했다. 나는 말더듬의 유전성에 대해 알고 있는 것을 이야기해 주었다. 그러면서도 그 아기가 최고의 말더듬 전문가 중 한 명의 부모에게서 태어난다는 사실을 알려 주었다. 설령 아이가 비유창하게 말할지라도 그 아이는 최고의 환경에 있는 셈이다(그 후 그의 아이는 4세 때 약간의 말더듬을 겪게 되었다. Brendan과 그의 아내는 아이에게 최상의 환경을 조성해 주기 위해 함께 치료 회기에 참여하였다).

사실 느리게 말하기(slowed speech)는 몇십 년 전의 치료 방식과 비슷하다. 그러나 현재 호주에서 사용되는 Camperdown Programme (O'Brian et al., 2010)은 느리게 말하기와 많은 유사점이 있다. 이 프로그램에서 말더듬 성인은 네 가지 단계를 거친다.

- 연장하여 말하기 기법 소개('제6장 Point 56' 참조)
- 치료실에서 연장하여 말하기 기법을 연습하여 유창하고 자연스러운 말하기를 달성
- 치료실 밖의 환경에서 일반화
- 일상적인 말하기 상황에서 지속적으로 유창한 발화 유지

O'Brian 등(2010)은 이 프로그램을 통해 많은 성인이 연장하여 말하기를 사용하여 말더듬을 통제할 수 있었다는 결과를 보고했다. 그러나 장기적으로 일상에서 유창한 말하기를 유지하는 것은 더 어려운 문제라고 밝혔다.

'더 유창하게 말하기' 접근법은 주로 말더듬의 표면적이고 명시적인 특성만을 바꾸려는 행동 수정법을 사용한다. 말더듬 성인이 보일 수 있는 심리적이고 감정적인 반응을 고려하지 않는다. 이 접근법은 유창성을 가지게 되는 것이 이들 고민의 해결책이 될 것이라는 가정을 바탕으로 한다. 하지만 어떤 말더듬 성인에게는 충분하지 않을 수 있다. 따라서 이 접근법만으로는 불충분하다고 느끼는 경우에는 추가적인 작업이 필요할 수 있다. 하지만 말더듬 성인이 결론을 내리기까지 충분한 시간이 있어야 한다. 아마도 유창성 형성 프로그램을 직접 경험한 후에 결론을 낼 수 있을 것이다.

Mo는 말더듬 때문에 본인의 직장인 은행에서 제대로 역할을 할 수 없다고 느껴 치료를 받기로 결심한 젊은 남성이었다. 그는 치료

과정에서 여러 유창성 향상 전략을 배웠고, 이 기술들을 통해 치료실에서는 말을 더듬지 않고 말할 수 있었다. 그러나 치료실 밖에서는 이러한 말하기 방식을 유지하기 어려웠다. 어느 날 저녁, 그룹 회기를 마치고 함께 치료실에서 주차장으로 걸어가는 길에 나는 그에게 방금 몇 분 전에 보여 준 기술을 지금은 사용하지 않고 있다고 언급했다. 그는 "음, 이런 식으로 말하면 나답지 않은 것 같아요."라고 말했다. 그는 자신이 높인 유창성이 오히려 자연스러운 소통과 자기 표현을 막는 것처럼 느껴진다고 덧붙였다. 유창성이 높아지면 자신이 바라 왔던 말하기 스타일을 갖게 될 것이라고 생각했지만, 실제로 그가 원한 것은 보다 자연스럽고 즉흥적인 의사소통 방식이었던 것이다. 말더듬을 제어하는 방식을 경험하고 난 뒤 그의 목표는 변하게 되었다.

53 전략 대상

또 하나의 다른 방법이 있다. 내담자의 특정 말더듬에 가장 효과적인 전략이 무엇인지 살펴보는 것이다. '제4장 Point 40'에서 평가를 권장했던 영역이 하나 있었다. 바로 말을 더듬을 때 끊김(breakdown)이 일어나는 수준이다.

말더듬 성인은 다음 위치에서 말 패턴이 끊길 수 있다.

- 조음/구강 수준
- 발성/후두 수준
- 호흡/횡격막 수준

〈표 6-1〉에 요약된 대로, 유창성 향상 기법은 끊김이 일어나는 수준에 맞추어 적용될 수 있다.

〈표 6-1〉 **끊김(breakdown)의 수준**

	조음/ 구강 수준에서	발성/ 후두 수준에서	호흡/ 횡격막 수준에서
가벼운 접촉	☺		
소리의 연장	☺	☺	
쉬운 시작	☺	☺	☺
속도 조절	☺	☺	☺
호흡		☺	☺

54 유창성 증진 전략 가르치기

치료사가 각 기법을 설명하고 시연하고 나면, 치료실에서 내담자는 하나의 소리 수준에서 그 기법을 실험해 본다. 각 기법을 확장하여 사용하려면 'GILCU'라는 방법을 쓴다. 발화의 길이와 복잡성을 점진적으로 증가시키는 것이다. 이를 치료실뿐 아니라 일상 환경에서도 연습해야 한다. GILCU 연습의 순서와 예시는 다음과 같다.

- CV 및 CVC 수준의 단순 단모음 단어(예: 코, 자, 수, 콩, 책, 담)
- CCVC, CCCV, CCVCC, CCCVCCC를 포함한 복잡한 단어(예: 박수, 수건, 달걀, 벽돌, 프로그램)
- 복합 단어(예: 암반수, 책임감, 공공재)
- 구절 수준(예: 공동체 의식, 경제 발전, 기상 캐스터)
- 짧은 문장(예: '어디예요?' '커피 한 잔 주세요.')
- 질문-대답 교환(예: '어디에 사세요?' '저는 경기도에 살아요.' '어디

사세요?' '저는 경기도에 살다가 지금은 부산으로 이사 왔어요.')

- 부사절 및 형용사절을 포함한 긴 문장(예: '저기 검은 줄무늬 유니폼을 입은 축구팀이 작년에 우승했어.')
- 다중 문장(예: '토요일에 마트에 갔다가 카페에서 점심을 먹었다. 집에 돌아왔는데 햇살이 너무 좋은 날이길래 다시 나가서 산책을 하기로 했다.')
- 독백 및/또는 그림 설명
- 주제를 중심으로 한 대화 또는 즉흥 대화

55 가벼운 접촉

이 기법은 자음을 어떻게 발음하는지에 대해 다룬다. 종종 말더듬 성인은 자음 소리를 내는 과정에서 발음을 강하게 한다. 예를 들어, 혀를 경구개로 당기며 과도한 힘을 가하고 공기 압력을 너무 많이 만든다. 이 전략의 목표는 강한 발음 방식을 바꾸어 최소한의 압력과 긴장으로 발음하는 것이다.

교육하기

이 활동을 가르칠 때는 먼저 말더듬 성인에게 각 자음이 어떻게 발음되는지를 이해시켜야 한다. 적절한 시각 보조 도구를 사용하여 소리를 내는 다양한 방법을 설명한다. 특히 비강음과 구강음의 차이를 설명하고, 다양한 발음들의 구강 위치를 구체적으로 소개한다.

다음 순서로 가벼운 조음 접촉에 대해 소개한다.

- 근접음, 지속음, 유음

- 비강음
- 마찰음 및 파찰음
- 파열음

치료사는 음소 수준에서 시연하되 강한 접촉과 가벼운 접촉의 차이를 강조하고, 말더듬 성인이 둘 사이의 차이를 구별할 수 있게 한다. 차이를 이해하면 자신에게 적합한 방식으로 말해 보도록 요청한다. 치료사가 피드백을 주는 것도 중요하지만, 말더듬 성인이 자신만의 모니터링 기술을 만드는 것이 더 중요하다. 따라서 피드백을 제공하기 전에 항상 내담자에게 연습 결과에 대해 어떻게 생각하는지 물어보기를 권한다.

각 소리에 대해 가벼운 접촉이 가능해지면, 점진적으로 발화의 길이와 복잡성을 증가시키는 GILCU 방법을 사용하여 연습을 진행해 본다('제6장 Point 54' 참조).

대부분 내담자는 이 기술에서 문제를 겪지 않지만, 어려움이 있는 경우와 해결책은 다음과 같다.

- 강한 접촉과 가벼운 접촉을 구별하는 것이 어려운 경우
- 발음 접촉에 대한 모니터링이 충분하지 않은 경우

이러한 문제들은 치료사의 발화와 가까운 주변인들의 발화에서 강한 발음과 부드러운 발음을 구별하는 연습을 통해 해결할 수 있다. 이후에는 말더듬 성인이 음소 수준과 단음절 및 다음절 단어 수준에서 대조적인 산출을 해 본다. 모니터링 능력은 치료실과 일상에서 자신의 발화를 녹음한 후 들어보는 방법으로 개선할 수 있다. 녹음한 내용을 분석할 때, 특히 말더듬 성인이 문제로 여기는 특정 자

음에서의 조음 접촉 사례를 분석해 볼 수 있겠다.

 소리의 연장

소리의 연장은 말더듬의 특징으로 여겨진다. 그런데 역설적이게도 연장을 통해 유창성을 증가시킬 수 있다. 특히 말더듬 성인이 하나의 말소리에서 다른 소리로 옮겨 가는 것에 어려움을 겪을 때 효과적이다.

소리의 연장은 1970년대와 1980년대 초반, '연장하여 말하기'라고 불렸던 유창성 수정 기법의 주요 특징이었다. 이 기술을 배울 때, 내담자들은 전체 발화에서 모음을 약간씩 연장하도록 배웠다. 이렇게 발화된 말은 멜로디가 줄어들고 강세 패턴이 고르게 되었다. 그러나 많은 내담자는 이것이 자연스럽지 않다고 인식하였고 이를 외면했다. 결과적으로, 이 기술은 자음과 모음 소리 모두 연장하도록 수정되었다. 이를 통해 다소 나아졌지만, 처음 학습하고 난 후에도 수용 가능한 발화 패턴으로 만들기 위해서는 또 다른 노력이 필요했다.

나는 완성도를 높이기 위해 이 책에 이 기법을 포함했다. 더불어 이 기법은 다음과 같이 특정 위치에서 말을 더듬는 사람들에게 적합하다.

- 단어 경계 사이에서
- 호흡한 후에
- 단어 중간에서

교육하기

치료사는 소리의 연장을 가르칠 때, 가장 쉬운 것부터 가장 어려운 것까지 순서대로 가르쳐야 한다. 권장하는 순서는 다음과 같다.

- 모음
- 근접음, 지속음, 유음
- 비강음
- 마찰음 및 파찰음
- 파열음

- 참고: 파열음은 그 성질상 소리를 연장하거나 늘리는 것이 어렵다. 따라서 파열음의 고유 특성과 발음하는 법을 설명해야 한다. 그리고 나서 치료사는 정지 구간을 줄이고 산출 구간을 연장하는 방법을 보여 준다. 이 발음 방식을 내담자가 따라할 수 있도록 돕는다(이렇게 파열음을 발음하면 당연히 음질에 영향을 준다. 하지만 이는 임시적이며, 소리가 본래보다 느리게 산출되는 초기 구간에서만 두드러지게 나타난다).

모든 말에서 소리와 모음을 연장하도록 하는 것보다는 호흡 그룹의 초기 음운(및 자음군)을 연장하는 것이 임상적으로 더 적합하다. 이 첫소리 연장 후에 나머지 발화는 평소와 같은 방식으로 말한다. 이 기법을 배우는 초기 단계에서는 발화 속도를 늦추는 것이 좋다. 익숙해지면 다시 정상 발화 속도로 말해 본다. 첫소리만 연장하는 수정된 접근법을 사용하면 보통의 억양과 음성 멜로디를 유지할 수 있다. 자연스럽게 만드는 연습이 별도로 필요하지 않을 것이다.

간혹 말더듬 성인이 첫소리를 연장하는 동안 특정한 억양 패턴을 보일 수 있다. 예를 들어, 첫 번째 음절에 강세를 두고 발음하는 경우이다. "팀이 토요일에 졌어요." "내가 가장 좋아하는 색깔은 파랑이에요."와 같이 상당히 이상한 말의 패턴이 생길 수 있다. 이 경우 추가적인 작업이 필요하다. 이러한 문제를 피하려면 내담자가 문장 수준에서 다양한 강조 패턴을 연습하도록 해야 한다. 다음은 그 예시이다.

(강조할 단어를 밑줄로 표시)

예시 1. 지시: '첫 단어를 쉽게 시작하고, 밑줄 친 단어를 강조하세요.'

- The best film <u>you</u> should watch <u>tonight</u> is one which has a good story and great acting.
- The best film you should watch tonight is one which has a <u>good</u> story and <u>great</u> acting.
- The best <u>film</u> you should watch tonight is one which has a good <u>story</u> and great <u>acting</u>.

예시 2. 지시: '첫 단어를 부드럽게 시작하고, 밑줄 친 단어를 강조하세요.'

- There are <u>green</u> and blue curtains behind the sofa in the <u>old</u> house.
- There are green and blue <u>curtains</u> behind the <u>sofa</u> in the old house.
- There are green and blue curtains <u>behind</u> the sofa in the <u>old</u> house.
- There <u>are</u> green and blue curtains behind the sofa in the old <u>house</u>.

57 부드러운 시작

쉬운 시작(Easy Onset) 또는 부드러운 시작은 과거 많은 프로그램에서 사용되었으며, 아동과 성인 말더듬 내담자 모두에게 사용되었다(Gregory, 1991; Runyan & Runyan, 1993; Shapiro, 1999; Shine, 1988). 이는 호흡, 이완, 부드러운 조음 접촉, 속도 조절과 같이 다양한 전략을 포함한 다중 전략 접근법의 일환으로 보이며, 나는 주로 이러한 방식으로 사용했다. 다만, 호흡/횡격막 및/또는 발성/후두 수준에서 유창성이 떨어지는 내담자들에게는 독립적으로 이 기법을 사용해 왔다. 치료사는 말더듬 성인이 다음과 같은 특정 문제를 보이는지 관찰하면 좋다.

- 날숨과 발성 시작을 협응시키기
- 발화의 시작 부분에서 막힘
- 강하게 발성을 시작함

일부 말더듬 성인의 경우, 긴장이나 강한 조음 접촉으로 조음 수준에서 발화 능력이 더 저하될 수 있다.

교육하기

이 기술은 비교적 간단하다. 말더듬 성인에게 날숨과 첫소리 발성을 협응시키는 법을 가르친다. 시작하기 전에 말더듬 성인은 흉부, 목, 입을 특히 이완시키고, 횡격막 호흡 패턴을 사용할 수 있어야 한다('제6장 Point 59' 참조).

이 기술의 지침은 다음과 같다.

- 평소처럼 여유 있게 숨을 들이쉬세요(참고: 들숨 맨 끝에서 숨을 멈추지 마세요).
- 부드럽게 작은 양의 공기를 내쉬세요(공기를 세게 내뿜거나 푸욱 불어 내는 것보다는 이를 공기의 흐름으로 보여 주면 좋다).
- 공기의 흐름이 시작되면 발음할 말의 첫소리를 내세요.
- 첫 말소리를 발음할 때 접촉을 약간 늘려 주세요. 예를 들어, 's…hop' 'l…ight' 'a…pple'(참고: 반복이 아니라 연장하는 소리다).

이 음소 연습은 소리 연장하기의 소리 순서와 동일하게 진행한다 ('제6장 Point 56' 참조). GILCU 계획을 통해 연습이 진행될 것이다('제6장 Point 54' 참조). 자음군의 경우, 첫 자음만 연장된다. 예를 들어, Tr-udy가 아니라 T-rudy이다.

주로 발생하는 어려움과 해결책은 다음과 같다.

- 호흡과 관련된 문제: 들숨 맨 끝에서 숨을 멈추거나, 소리를 내기 전에 공기를 내쉬는 경우('h'처럼 들릴 수 있음), 너무 많은 공기를 내쉬는 경우. 호흡 방법을 재설명하고 다시 연습하는 시간을 갖는다.
- 협응(coordination)과 관련된 문제: 너무 오랫동안 들이쉬는 경우, 작은 양의 공기를 내쉬고 첫소리를 내기 전에 멈추는 경우. 들이쉬기와 부드러운 시작을 다시 검토해야 한다. 들이쉬는 시간을 점진적으로 줄여 나간다.
- 긴장과 관련된 문제: 쇄골 및/또는 횡격막의 긴장, 첫 음소의 강한 시작, 성대 폐쇄(후두 긴장), 발성 시작 시 상승하는 억양, 숨을 세게 내쉴 때/과한 공기 압력. 긴장이 문제일 때에는 자기 모니터링 및 이완과 긴장의 감각 구별하기 활동이 도움이 된다.

이는 호흡, 후두 기능 및/또는 조음 영역 중 말더듬 성인이 특히 긴장하는 영역에 중점을 두고 진행할 수 있다.

- 이 외의 고려사항: 첫소리의 연장이 짧은 경우, 첫소리만이 아닌 전체 단어를 연장하는 경우 등이 있다.

다시 말하지만, 목표 발화와 그와 다른 발화(현재 발화 포함)를 서로 대조하는 연습은 이러한 문제를 해결하는 데 가장 도움이 된다.

(58) 발화 속도 조절

발화 속도 조절에 대해 말더듬 성인과 이야기할 때면, 종종 이 비유를 들며 연습을 시키곤 한다. 어떤 사람이 정상 속도로 A 지점에서 B 지점으로 걸어간다고 하자. 시간을 재서 그의 걷는 속도를 정확히 측정할 수 있다. 만약 그에게 동일한 거리를 더 많은 시간을 쓰거나 더 느린 속도로 이동하도록 요청한다면, 다음과 같은 방법이 있을 것이다.

- 각 걸음마다 의도적으로 멈추기
- 몇 걸음을 간 후에 멈추기
- 미끄러지듯 걸음을 걷거나 발을 지면에 계속해서 두는 등 각 걸음에 걸리는 시간을 늦추기

이를 발화 속도 용어로 적용하면, 말할 때 다음과 같이 속도를 줄일 수 있다.

- 각 단어마다 멈추기
- 숨을 쉬려고 멈추거나, 호흡 지점에서 멈추기
- 모음을 연장하고 각 소리의 조음 접촉 시간을 늘려 조음 속도를 늦추기

과거에는 주로 마지막 방법을 사용하여 발화 속도 조절을 가르쳤다. 엄격히 정해 놓은 시간 동안 음절을 발음하도록 한 것이다. 음절이 엄격한 시간 간격으로 발음되었고, 이 간격을 점진적으로 증가시켰다. Blomgren(2013)은 이 방법에 대해 다음과 같이 설명한다.

> 발화 중간에 더 길게 일시적으로 멈추는 대신 음절의 지속 시간을 늘리는 것이 발화 속도를 감소시키는 가장 좋은 방법이다. 초기에는 매우 느린 속도로 발화한다. 유타주립대학교 집중말더듬치료클리닉(UUISC)에서는 각 음절을 2초 동안 연장하여 발화하게 한다. 2초를 연장하면서 유창한 발화가 가능하면, 음절의 지속 시간을 단계적으로 1초, 0.5초로 줄인다. 마지막으로 '조절된 정상 속도'로 말하게 한다. 여기서 '조절된 정상 속도'는 말더듬이 거의 또는 전혀 나오지 않는 상태로 말할 수 있는 속도를 의미한다. 최종 속도는 개별 내담자마다 다를 수 있다.
>
> (p.16)

많은 내담자가 이 같은 방식으로 치료실과 특정 상황에서 잘 제어된 발화를 할 수 있었다. 하지만 더 까다롭고 스트레스가 많은 상황에서 적용하는 것은 어려웠다. 게다가 그렇게 산출된 발화는 다양성이 부족하고 결과적으로 자연스럽지 못했다.

교육하기

속도 조절을 가르칠 때 말더듬 성인이 다음과 같은 요소에 맞추어 말하게 하면 이들의 반응을 더 잘 이끌 수 있다.

- 기분
- 자신감
- 자연스러운 말 패턴
- 사용하려는 단어나 상황에 대한 불안 수준
- 이를 듣는 사람/사람들의 인식

정리하자면, 이러한 요소들의 변동을 파악하고 유연하게 반영하여 발화 속도를 조절해야 한다. 나는 속도를 자동차 변속기어에 비유하며 가르치는 방식을 추천한다. 자동차의 기어는 차를 출발시키고 도로의 상황이나 위험, 운전자의 자신감 부족(앞을 예측하지 못하는 경우)에 맞추어 속도를 조절하고 멈추기까지 속도를 변화시키는 데 사용된다. 이와 같이, 발화 속도는 말하는 사람의 감정, 자신감, 단어를 예상하는 방식, 호흡이 필요한지 등에 따라 조절되어야 한다. 치료사는 다음 기법을 사용하여 말더듬 성인과 함께 발화 속도를 변화시키는 연습을 한다.

- 잠시 멈추기: 적절히 일시 정지를 하도록 가르치기
- 숨을 들이마시는 시간 가지기: 말하는 동안 숨을 제대로 들이마시도록 도와주기
- 단어나 소리를 연장하기: 필요할 때 일부 단어나 소리를 길게 발음할 수 있도록 지원하기

이러한 기법들은 말더듬 성인이 다음과 같은 세 가지 발화 속도 '기어'를 설정하는 데 사용된다.

- 첫 번째 기어: 대화를 시작하거나 이름을 말할 때 사용하는 기어. 어려워하는 단어의 첫소리를 일부 연장하여 발음하면서 느리고 제어된 속도로 말한다.
- 두 번째 기어: 초기 도입 단계를 지나 조금 더 빠른 속도로 사용하는 기어. 숨을 쉬는 시간을 가지며 필요시 단어나 소리를 연장한다. 일종의 느낌대로 말하는 속도이다.
- 세 번째 기어: 자유로운 대화 상황에서 사용할 수 있는 속도. 막힘에 대한 두려움이나 어려워하는 단어가 없다. 대화의 내용과 대화 상대에 집중할 수 있다. 전반적으로 좋은 의사소통을 위한 속도이다.

과거의 속도 조절법과는 달리, 시간당 말해야 하는 단어나 음절 시간이 정해지는 것이 아니다. 대신 치료사는 말더듬 성인이 이 세 가지 기어에서 자신에게 맞는 최적의 속도를 정하도록 도와준다. 또한 다양한 맥락에서 이를 실험할 수 있게 한다.

주로 발생하는 어려움과 해결책

종종 말더듬 성인은 발화 속도를 조절하는 것에 어려움을 겪는다. 이는 일반적으로 생활 전반이 매우 빠른 속도로 진행되기 때문이다. 이 경우, 비언어적 행동의 속도를 변화시키는 실험을 해야 한다. 예를 들어, 식사 중 느리고 조심스럽게 씹기, 목적지까지 천천히 걷기, 빗질이나 면도를 더 천천히 하기 등이다.

어떤 말더듬 성인들은 침묵을 견딜 수 없거나 발화 차례를 놓치진

않을까 하는 두려움으로 어려움을 겪는다. 이러한 경우, 불안 관리
와 횡격막 호흡 연습을 하여 우려를 진정시킬 수 있다.

59 호흡

만약 말더듬 성인이 호흡/횡격막 수준에서부터 말더듬을 겪는다
고 보고되거나 관찰된다면, 호흡 연습을 진행해야 한다. 내담자가
굳이 원하는 경우가 아니라면, 유창성 증진을 위해 호흡 연습을 할
필요는 없다.

비(非)언어치료적인 프로그램 중 특정 호흡 기술을 가르치는 데
중점을 두는 방식들이 있다. 모든 참가자가 유창성을 가지기 위해
여러 가지 호흡 방법을 배우는 것이 프로그램의 목표이다. 프로그램
시작 전에 이들의 유창성 정도를 평가하지만 호흡은 평가하지 않는
다[목표 치료대상을 평가해야 한다는 임상 전제와 관련된다('제4장, Point
41' 참조)]. 말더듬이 호흡과 연관되어 일어나는 말더듬 성인들에게
이러한 프로그램들이 관련될 수는 있겠다. 그러나 예를 들어 잘못된
횡격막 호흡이나 쇄골 호흡처럼, 호흡과 관련된 근거가 없다면, 그
중요성을 이해할 수 없다.

말더듬에서 호흡 수준의 끊김(breakdown)을 평가할 때 고려해야
할 중요한 영역들이 있다.

긴장

내담자의 평소 자세가 폐를 수축하거나 폐의 확장을 제한하도록
만드는 것은 아닌지 살펴본다. 예를 들어, 어깨가 구부정하거나 흉
곽이 과도하게 확장된 자세인가? 어깨와 가슴에 상당한 긴장을 보이

는가? 횡격막이 딱딱한 상태로 고정되는가? 그렇다면 긴장 정도를 낮추는 연습으로 호흡 패턴을 개선할 수 있다.

호흡 패턴

평가/관찰 시 가만히 있을 때나 말하는 동안 모두에서 내담자의 호흡 방식을 주의 깊게 살펴야 한다. 특히 언어치료사는 다음을 고려한다.

호흡의 깊이

숨을 들이마실 때 어깨가 들리고, 흉곽의 움직임이 제한되는가? 결과적으로 폐의 아래쪽과 큰 부분으로 들어가는 공기가 줄어들어 얕은 호흡 및/또는 쇄골 호흡을 보이는가?

역호흡

이것이 원인이라면, 횡격막은 숨을 내쉴 때 밖으로 움직이고, 들이쉴 때 안쪽으로 움직일 것이다(참고: 정상적인 패턴은 이와 반대이다. 들이마실 때에는 폐가 팽창하기 위해 횡격막이 밖으로 움직이고, 그 후에는 횡격막이 내려와 날숨에 공기를 내보낸다).

늑간근의 기능

늑간근(intercostal muscles)은 숨을 들이마시고 내쉴 때 공기의 양과 속도를 조절한다. 만약 말더듬 성인에게 /s/ 또는 /l/과 같이 지속적인 소리를 내면서 숨을 내쉬라고 요구했다고 하자. 늑간근이 약하거나 제대로 기능하지 않으면 목소리의 크기나 세기가 일정하지 않을 수 있다. 이와 비슷하게, 숨을 천천히 들이마시라고 요청하면 늑간근이 들이마시는 속도를 조절하는 데 도움이 될 것이다.

호흡의 속도

이는 각 호흡에 걸리는 시간이다. 휴식 시의 호흡과 발화 시의 호흡은 다르다. 말하기 위해 호흡할 때는 들숨 시간이 짧고 날숨 시간은 발화의 길이에 맞게 된다. 말더듬 성인의 경우, 흡기 시간이 너무짧아 공기를 충분히 들이마실 시간이 부족할 수 있다. 내쉬는 공기와 관련하여 이야기해 보겠다. 정상적인 말하기에는 말하는 사람의 의미 단위와 내쉬는 숨 사이에 재미있는 대응 관계가 있다. 바로 '공기와 의미의 일치'이다. 이는 자동적으로 일어나는 것처럼 보인다. 그런데 말더듬 성인은 의미 단위와 내쉬는 숨 사이의 이 대응 관계가 부족할 수 있다. 그에 따라 필요한 말을 맞추려고 할 때 숨이 바닥나는 경우가 생긴다.

호흡의 빈도

호흡의 빈도가 높거나 과다한 호흡이 발생하면, 과호흡을 초래할수 있다. 말하기에서 과호흡은 말더듬 성인의 불안 수준을 반영하는것일 수 있다. 들이마시는 빈도가 적으면 다시 말하려고 할 때 공기가 부족해질 수 있다.

타이밍

사람은 말을 하기 위해 말을 시작하는 시점과 숨을 내쉬는 시점을 맞춰야 한다. 말을 더듬을 때, 특히 막힘 증상이 있을 때에는 음성 산출의 시작과 날숨을 협응하는 것이 어렵다는 사실이 연구되었다. 이로 인해 후두가 잠기고 음성이 시작되지 않으며, 결과적으로성대가 얼어붙은 듯 움직이지 않을 수 있다(Weiner, 1984; Williams & Brutten, 1994). 따라서 말더듬 성인의 호흡과 발성 협응 능력을 평가하는 것이 중요하다.

압력

치료사는 내담자가 너무 깊게 호흡하는 것은 아닌지 확인해야 한다. Poburka(2002)에 의하면 이러한 호흡이 후두 아래 압력을 제어하는 데 문제가 된다. 이로써 발화 과정 전반에서 긴장을 일으킬 수 있다.

> 말하기 전에 너무 깊게 호흡하는 사람들은 흉부 내에서 과도한 이완 압력을 만들어 낸다. 이완 압력은 내쉬게 되면서 폐에서 공기가 방출되는 힘이다. 이완 압력이 말하기에 필요한 압력보다 크다면, 어떻게든 이 과도한 압력을 다뤄 주어야 한다. 일부 사람들은 음성 흐름을 조절하는 밸브로서 후두를 사용하여 과도한 압력을 제어하려고 한다(Morrison & Rammage, 1993). 결과적으로 이들의 말은 강한 후두 접촉, 과도한 음량, 압박이 특징이다. 말이 막히는 사람들에게 이러한 호흡 전략은 후두 긴장을 유도하여 이완된 상태로 음성을 시작하는 것을 어렵게 한다.
>
> (www.mnsu.edu/comdis/isad5/papers/poburka.html)

교육하기

내담자에게 호흡을 가르칠 때 세 가지 주요 구성 요소가 있다.

① 가급적 시각 보조 도구와 함께 호흡 과정을 완전히 설명한다.

McLaughlin(2021, p. 54)은 말 산출에 관한 유용한 설명을 제공한다. 이를 '파워 시스템(호흡 시스템)'이라고 칭하며, 머리, 목, 폐를 간단한 선으로 그린 그림을 제시한다([그림 6-1] 참조).

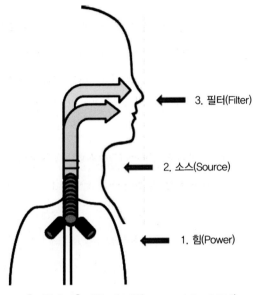

3. 필터(Filter)

2. 소스(Source)

1. 힘(Power)

[그림 6-1] **파워 시스템**(McLaughlin, 2021)

② 효율을 높이는 작업

즉, 폐에서 들어오고 나가는 공기의 양을 증가시키는 것이다. 횡격막 호흡법을 가르칠 때에는 주로 다음 요소를 적절하게 지도해야 한다.

- 이완
- 속도
- 빈도
- 압력

이러한 측면을 개발하기 위해서 다음과 같이 연습해 보자. 거울을 통해 자신의 모습을 지켜보고, 불필요한 긴장이나 어깨의 부가적인 움직임을 찾아낸다. 갈비뼈의 움직임을 관찰하기 위해 손을 배에 엎는 것과 같이 시각적 및 운동 감각적 피드백을 활용해야 한다.

③ 통제 능력 강화

어깨와 횡격막의 긴장을 줄이고, 횡격막과 늑간근의 기능을 증진하는 방식으로 진행해야 한다. 들이마시는 시간을 줄이고 내쉬는 시간을 길게 하여 날숨과 발성을 협응시키는 운동 또한 진행해야 한다.

이는 한 번의 숨에 산출하는 문장 길이를 늘리는 방식으로 연습할 수 있다.

* 그는 밥 먹으러 그녀를 데려갔다.
* 그는 어젯밤 밥 먹으러 그녀를 데려갔다.
* 그는 어젯밤 밥 먹으러 그녀를 지역 이탈리안 레스토랑에 데려갔다.
* 그는 어젯밤 밥 먹으러 그녀를 지역 이탈리안 레스토랑 중 가보지 않은 곳에 데려갔다.
* 그는 어젯밤 밥 먹으러 그녀를 지역 이탈리안 레스토랑 중 가보지 않은 곳에 데려갔는데 실은 피곤했다.

Turnbull와 Stewart(2017)의 제11장에는 몇 가지 유용한 호흡 운동이 제시되어 있다.

주로 발생하는 어려움과 이에 대한 해결책을 〈표 6-2〉에 요약했다.

〈표 6-2〉 주로 발생하는 어려움과 해결책

	긴장 감소(아마도 불안과 관련)	횡격막 호흡	호흡 빈도	횡격막 기능	누간근 기능	낮음과 발성 및 조음의 타이밍
긴장된 자세	☺					
얕은 호흡 또는 새끝 호흡	☺	☺			☺	
누간근의 움직임 부족	☺	☺			☺	
횡격막이 움직이지 않거나 정지됨	☺	☺		☺	☺	
빠른 호기	☺		☺			
공기가 강제로 배출됨	☺	☺			☺	☺
공기가 부족해짐	☺	☺	☺	☺	☺	
과도한 호흡	☺					
호기 시 공기량이 변동되거나 일관되지 않음					☺	
흡기가 너무 오래 걸림					☺	☺
흡입이 충분히 자주 이루어지지지 않음			☺		☺	☺
역호흡		☺		☺		
너무 많은 공기를 들이마심					☺	☺

Blomgren, M. (2013). Behavioral treatments for children and adults who stutter: A review. *Psychological Research & Behavioral Management, 6*, 9-19.

DeNil, L. & Kroll, R. M. (1995). The relationship between locus of control and long-term stuttering treatment outcome in adult stutterers. *Journal of Fluency Disorders, 20*, 345-364.

Goldiamond, I. (1965). Stuttering and fluency as manipulatable operant response classes. In I. Krasner & I. Ullmann (eds.), *Research in Behavior Modification*. New York: Holt, Rinehart and Winston.

Gregory, H. H. (1991). Therapy for elementary school-age children. *Seminars in Speech & Language, 12*, 323-335.

McLaughlin, A. (2021). Stammering & voice. In T. Stewart (ed.), *Stammering Resources for Adults and Children: Integrating Evidence into Clinical Practice*. London: Routledge, Taylor & Francis Group.

Morrison, M. D. & Rammage, L. A. (1993). Muscle misuse voice disorders: Description and classification. *Acta Otolaryngology, 113*(3), 428-434.

O'Brian, S., Packman, A. & Onslow, M. (2010). The Camperdown program. In B. Guitar & R. McCauley (eds.), *Treatment of Stuttering: Established and Emerging Interventions*. Philadelphia, PA: Wolters Kluwer/Lippincott Williams & Wilkins.

Poburka, B. (2002). Voice and stuttering therapy: Finding common ground. www.mnsu.edu/comdis/isad5/papers/poburka.html [Accessed February 2021].

Runyan, C. M. & Runyan, S. (1993). Therapy for school-age stutterers: An update on the fluency rules program. In R. Curlee (ed.), *Stuttering and Related Disorders of Fluency*. New York: Thieme

Medical Publishers Inc.

Shapiro, D. (1999). *Stuttering Intervention*. Austin, TX: ProEd.

Shine, R. E. (1988). *Systematic Fluency Training for Young Children*, 3rd edition. Austin, TX: ProEd.

Turnbull, J. & Stewart, T. (2017). *The Dysfluency Resource Book*, 2nd edition. London: Routledge, Taylor & Francis Group.

Weiner, A. E. (1984). Vocal control therapy for stutterers. In M. Peins (ed.), *Contemporary Approaches in Stuttering Therapy*. Boston: Little, Brown & Company.

Williams, D. & Brutten, G. (1994). Physiologic and aerodynamic events prior to the speech of stutterers and nonstutterers. *Journal of Fluency Disorders, 19*(2), 83-111.

100 치료: 말더듬 수정 기법
('더 쉽게 말더듬기')

 60 '말더듬 수정 기법'이란 무엇인가

말더듬 수정 또는 '더 쉽게 말더듬기' 기법은 말더듬의 대부분이 말더듬 성인이 말더듬을 피하기 위해 하는 행동들, 즉 투쟁, 두려움, 긴장 행동 및 말더듬의 '핵심'을 회피하는 것으로 이루어져 있다는 개념을 전제로 한다. 치료사는 다양한 기법을 통해 내담자의 말더듬을 긴장과 투쟁을 포함하지 않는 방향으로 바꾸도록 돕는다.

이 방법은 일반적으로 단호함 훈련(assertiveness traning)과 둔감화로 시작한다('제5장 Point 47, 49' 참조). 이후에는 말더듬의 외형적 특징을 수정하는 과정에 집중하여 중재한다. 이로써 말더듬은 더 이상 의사소통에 큰 영향을 미치지 않고 더 편안하고 완화된 방향으로 바뀐다. 유창성 증진 기법과 달리, 말더듬 수정 기법은 전체 발화 방식을 변경할 필요가 없다. 단지 말더듬이 발생하는 순간만 수정하면 된다. Shapiro(1999)는 다음과 같이 설명한다(Guitar & Peters, 1980).

말더듬 수정은 말더듬 성인의 비정상적인 패턴을 지적하는 것이 아니라
(유창성 형성과는 달리) 이들이 자신의 의사소통과 관련한 두려움과 회피에

직면하도록 지원하는 동적인 과정이다.

(p. 189)

말더듬 수정 기법의 목표는 최종적으로 유창한 발화를 만들어 내는 것이 아니다. 물론 내담자의 유창성이 증가하는 경우가 있다. 오히려 목표는 말더듬 성인이 점진적으로 긴장되고 통제 불가능한 말더듬 형태를 줄여, 이를 노력이 덜 들고 더 부드러운 행동들로 바꾸는 것이다.

이 과정에서 말더듬 성인은 간접적으로 자신의 말더듬에 대한 부정적인 감정과 태도 측면을 다룰 수 있다. 수정된 말하기 패턴은 이전의 긴장되고 통제 불능한 말더듬보다 더 부드러운 말더듬 방식이다.

이 기법에는 유창성 형성 접근법처럼 순서가 있거나 위계적이고 언어적인 틀이 없다. GILCU 기반 연습도 없다. 대신, 이 기법의 핵심은 말더듬 성인과 치료사 간에 구조화되지 않았지만, 신중한 대화, 문제 해결적인 대화이다. 전반적인 진전 속도는 다른 방법보다 느릴 수는 있다. 말더듬 성인은 지시에 따르는 대상이 아니라 과정에 적극적으로 참여하는 주체이다. 치료사는 특정한 기술을 이용하여 말더듬 성인을 참여시켜야 한다. 이 기술에 대해 Shapiro(1999)는 정서적 지지, 임상적 문제 해결 그리고 내담자 개개인의 차이점들에 대응하는 능력을 언급하였다.

따라서 갓 자격을 취득한 초보 치료사에게는 어려운 일일 것이다. 여기서 이론 기반 지식들로 치료해 보려는 것은 문제가 될 수 있다. 말더듬 수정을 효과적으로 수행하고 싶다면, 경험이 많거나 보다 전문적인 동료가 내담자와 직접 상호작용하는 모습을 관찰하는 것을 추천한다. 전문적인 치료사가 없어 멘토링을 받을 수 없다면, 영국말더듬협회와 말더듬재단에서 제공하는 비디오/DVD, 그리고 YouTube에서도 관련 자료를 찾아볼 수 있다(Van Riper가 대상자과 함께 작업한 녹화 자료는 수십 년 전 것이지만 여전히 가치 있는 자료이다). 초보 치료사들은 이 접근법을 배우는 것이 어렵더라도 포기해서는 안 된다. 이 방법은 말더듬 성인이 고를 수 있는 중요한 선택지이다.

61 배경

Van Riper(1973)는 말더듬 수정 기법의 선구자로서, 그의 접근법은 세 가지 이론에 기반한다.

- 학습 이론: 말을 더듬는 사람이 자신의 비유창한 행동들을 잊고, 더 쉽고 덜 방해가 되는 행동으로 자신의 행동을 교체하는 방법을 배우는 과정이라 여겼다.
- 서보 이론(Servo Theory): Van Riper는 말더듬이 청각 처리의 어려움과 관련된다고 보았다. 내담자가 순수한 청각 피드백이 아닌, 다양한 수단(예: 고유 수용성 감각, 시각 및 운동 감각)을 이용하여 자신의 말을 모니터링해야 한다고 강조했다.
- 심리치료: 말더듬과 관련된 부정적 사고와 감정을 인정하고, 직접적인 말 훈련 외에도 이러한 문제를 관리하기 위한 개입이 필요하다고 보았다.

Van Riper(1973)의 연구에 따르면, 말더듬 성인은 미리 말더듬을 예상하고 '준비책(preparatory sets)'이라고 불리는 것을 형성한다. 이것이 시작되면, 그는 예측한 대로 말더듬을 하였다. 따라서 말더듬 수정 기법에서는 내담자가 예상하는 것이 아닌 새로운 방식으로 말 운동 시스템을 설정한다. 이를 통해 이전의 말더듬 패턴에 대항하는 법을 배우게 된다. Manning(2001)은 이것이 상당히 도전적인 작업이라고 보며 다음과 같이 언급하였다.

> 그동안 학습되어 오고 안정화된 말더듬의 외현적 패턴을 바꾸는 것은 쉬운 과정이 아니다. 옛 패턴들은 잘 배워 왔을 뿐 아니라 편안하기까지 하다. 새롭고 더 나은 말하기 방법은 익숙해지기 전까지는 어색하고 이상하게 느껴질 것이다.
>
> (p. 284)

62 '말더듬 수정 기법'을 사용하는 경우

과정이 꽤 복잡하기 때문에 말더듬 수정치료는 주로 어린 청소년과 성인에게 사용된다. 다만, 말더듬 중증도가 이 치료를 제공할지 여부를 결정하는 요소가 되지 않아야 한다. Guitar와 Peters(1980)는 다음과 같이 말했다.

> 이 접근법은 경미한 말더듬이나 중증 말더듬이나 동일하게 효과가 있다. 중요한 점은 내담자가 말더듬을 회피하려고 얼마나 노력하는지이다. 말더듬을 숨기기 위해 굉장히 애를 쓰는 사람이라면, 말더듬 수정치료를 통해 얻는 것이 많을 것이다.
>
> (p. 34)

Shapiro(1999)는 다음과 같은 특성이 있다면 이 기법이 적합하다고 설명했다.

- 말더듬을 숨기거나 위장하는 경향
- 말하기를 피함
- 말더듬으로 인해 불이익이 있음을 인지함
- 의사소통자인 스스로에 대해 부정적 감정을 가짐
- 말더듬 수정 시도에 긍정적인 반응을 보임(예: 관찰되는 유창성
  과 말더듬의 성질을 이야기하고, 다양한 말더듬 방식을 연습하며, 의
  사소통자인 자신에 대해 느끼는 감정과 태도를 이야기할 수 있음)

(p. 192)

Turnbull과 Stewart(2017)는 막힘 수정('제7장 Point 66')에 대해 구
체적으로 논의하며 내담자의 적합성을 평가하는 기준을 약간 다르
게 제시한다.

- 말을 더듬는 순간 자신의 말더듬 행동을 명확히 인식해야 한다.
- 말을 더듬는 것에 대해 충분히 둔감화되어 있어야 한다.
- 적어도 중간 이상의 심각한 막힘이 빈번히 나타나야 한다.
- 말을 하다가 후퇴하는 사람의 경우, 즉 어려운 단어에 접근하고
  나서 하나 이상의 단어를 반복하는 경우에는 막힘 수정을 배우
  기 전에 말을 '앞으로 계속 이동'하도록 도와주어야 한다.
- 비언어적 및 언어적 측면 모두에서 변화에 대한 실험을 거쳤어
  야 한다.

(참고: 이는 내가 현재 제안하고 있는 것과는 약간 다른 시각이다. 치료 회기에서 열린 태
도, 둔감화, 자발적 말더듬 및 회피 감소를 포함한 많은 접근법, 심지어 모든 접근 방식에
서 고려할 수 있는 초기 개입 방법으로 추천한다. 이는 단순히 말더듬 수정만을 위한 것이
아니다.)

'말더듬 수정 기법'을 가르치는 방법

Van Riper(1973)는 다음과 같은 단계들을 제시했다.

- 확인(Identification)
- 둔감화(Desensitisation)
- 변형(Variation)
- 수정(Modification)
- 안정화(Stabilization)

각 단계는 다음 절에서 자세히 설명하겠다. 다만 둔감화는 별도의 일반적인 중재 방법으로도 언급할 것이다('제5장 Point 49' 참조). 그리고 안정화에서는 재발 방지 방법을 논의할 것이다('제10장' 참조).

64 확인

Van Riper(1973)는 이 단계의 중요성에 대해 설명한다. 그는 확인 단계가 필요한 여러 가지 이유에 대해 언급한다. 그의 관점에서 확인(Identification)은 다음과 같다.

- 내담자–치료사가 함께 협력해야 할 의제를 정한다.
- 무엇을 버려야 할지를 기준으로 문제를 명확히 한다.
- 변화의 책임을 말더듬 성인의 몫으로 놓는다.
- 필요한 분석적 접근법에 대해 설명한다.
- 치료실 밖에서의 예시도 함께 들어 일반화를 돕는다.

- 현 단계에서 즉각적인 말더듬 수정은 내담자에게 너무 어려울 수 있기에 이를 요구하지 않는다.
- 치료사가 내담자의 말더듬을 수용하고 판단하지 않는다는 것을 보여 준다.
- 둔감화로 이끈다.

말더듬 성인은 치료사와 함께 평가 과정 동안 자신의 말더듬이 어떤 식으로 구성되어 있는지 확인하게 된다. 표면에 드러나는 특징들(즉, 말더듬 빙산의 수면 윗부분)과 표면 아래 숨겨진 특징들(즉, 내현적 특징들)을 모두 면밀히 파악한다.

말더듬 수정 기법의 초기 단계로서 확인은 평가와 유사한 면이 있다. 그러나 보다 심층적이고 도전적인 단계이다.

예를 들어, 초기 평가에서 말더듬 성인은 자신의 말더듬에서 관찰 가능한 특징들을 구분하게 된다. 말더듬 성인은 반복, 연장, 회피 등을 구분하라는 지시를 받곤 한다. 한편, 말더듬 수정의 확인 단계에서는 더 나아가 말더듬 성인이 자신의 행동들을 더 정밀하고 깊이 있게 특정해야 한다.

- 말을 더듬는 상황 전에
- 말을 더듬는 중에
- 말을 더듬는 상황이 끝난 후

Ross는 20대 초반에 그룹치료 회기에 참석하였다. 그의 말더듬 특징은 긴 침묵과 심한 후두 및 구강 긴장을 동반한 막힘이었다. 말더듬 때문에 그는 좌절하고 분노했으며 종종 말을 더듬는 중간에 욕설을 했다. 고통스러워하며 주변의 가구를 치는 일도 있었다. 순차적인 접근을 통해 Ross의 말더듬을 확인해 보자면 다음과 같다.

- 말을 더듬기 전: 심박수가 증가하고 호흡이 빨라진다. 위가 부 글거리는 느낌, 횡격막이 긴장한다. 문제가 될 것 같은 단어를 생각한다. 대체할 다른 단어를 찾는다. 말더듬을 눈치챌 것 같 은 주변 사람들을 찾는다. 듣는 상대를 피해 다른 곳을 본다.
- 말을 더듬는 중: 숨을 참고 목이 막힌다. 소리가 나지 않는다. 횡격막이 경직된다. 턱이 위아래로 움직인다(통제할 수 없을 것 같다). 눈을 감는다. 신발 안에서 발가락이나 발끝을 움직인다. 어깨가 들린다. 내부적으로 말더듬이 신경 쓰인다(눈앞이 캄캄 해진다). '언제 끝나나?' '이거 계속되려나?' '숨 쉴 수가 없어.' '기 절할까?' 등 여러 생각이 들며 공황 상태에 빠진다.
- 말을 더듬은 후: 숨을 빨리 쉰다. 해방감을 느낀다. 턱과 어깨에 긴장이 남아 있다. 긴장을 풀기 위해 일부러 어깨를 내려야 한 다. 눈을 뜨고 있지만 청자를 보지 못한다. 주변의 다른 사람들 이나 청중의 반응이 두렵다. 자신과 말더듬에 대해 화가 난다. 왜 이런 일이 일어나는 것인지 좌절스럽다. 가능한 한 빨리 나 머지 대화를 마치고 이 상황에서 벗어나는 방법을 생각한다.

Ross는 〈표 7-1〉과 같이 구조화된 방식을 제시한다. 이를 통해 치료사는 내담자가 인식하지 못하고 있는 것이 무엇인지 파악하게 된다. 예를 들어, 여기서 내담자는 말을 더듬기 전의 말 특성에 대해 고려하지 못하고 있다. 이 경우 막힘 수정 접근법, 특히 막힘 발생 전 단계에 집중하는 것이 내담자에게 유익할 수 있다. 따라서 긴장 을 풀고 발음하도록 준비 과정을 두는 등 몇 가지 방식이 도움이 되 겠다. 또한 내담자는 말을 더듬는 동안 혹은 후에 내부에 집중하는

⟨표 7-1⟩ Ross의 확인(Identification) 차트

	말더듬 전	말더듬 중	말더듬 후
불안	심박수 증가	호흡 멈춤	빠른 호흡
	호흡 속도 증가		
	위의 불편감 증가		
긴장	횡격막	횡격막	턱
		목	어깨
		어깨	
생각	특정 단어	'언제 끝나지?'	'이 대화를 어떻게 끝내지?'
	대체 가능한 단어	'끝까지 계속되려나?'	'여기서 벗어나고 싶다.'
		'숨을 쉴 수가 없어.'	
		'기절하는 건가?'	
인식과 느낌	누가 내 말더듬을 들을까 봐 걱정됨	공황 상태	안도
			두려움(타인의 부정적인 반응)
			화(책상을 침)
			좌절, 부끄러움
	다른 쪽을 쳐다봄	눈을 감음	눈을 뜸 (그러나 대화 상대를 쳐다보지 못함)
		내면 집중	내면 집중
		눈앞이 캄캄함	주위를 둘러볼 수 없음
		소리가 안 들림	문장 나머지에서 빨라짐
		턱이 위아래로 움직임	
		통제 불가능	
		욕설	

상태가 된다고 하였다. 이 경우 의사소통 상대들이 자신의 말더듬에 부정적으로 반응할 것이라는 예측이 맞는지, 아닌지를 확인하지 못하게 된다.

이 연습으로 말더듬에 대해 전반적으로 알게 된다. 더 나아가 확인 과정을 통해 문제를 보다 상세히 해결할 수 있다.

내담자에게 자신의 말더듬에 대해 설명해 달라고 요청할 때, 꽤 많은 어려움이 있다. 이들은 종종 자신의 말더듬을 구성하는 다양한 행동들을 '말더듬'이라는 이름 하나로 묶어 버린다. 따라서 각각의 것들을 구분하는 데 어려움을 겪을 수 있다. 또는 특정 측면에 과도하게 신경 쓰기도 한다. 이는 내담자가 가장 걱정하고 있거나, 잘 알고 있는 특징들이다. 또는 다른 이들이 주목하거나 언급하는 측면일 수도 있다(예: 말을 여러 번 반복하는 것, 턱 움직임, 혀 내밀기 등). 따라서 확인 과정의 목표 중 하나는 말더듬을 다양한 구성 요소로 나누어 관리하기 쉽게 만드는 것이다.

'더 쉽게 말더듬기' 접근법의 또 다른 목표는 내담자가 자신이 경험하는 다양한 말더듬 양상을 인식하는 것이다. 이 양상은 모든 이들의 말에서 나타날 수 있는 작은 머뭇거림부터 더 긴 모음 연장과 같은 방해적인 패턴, 강한 감정 반응을 유발하는 더 두드러진 말더듬까지 포함한다.

감정적 반응

치료사는 이 연습이 말더듬 성인에게 미칠 감정적 영향을 주의 깊게 관찰해야 한다. 이는 내담자가 자신의 말 문제를 직면해야 하기 때문에 어려운 과정이다. 긴 시간 동안 이 문제를 회피해 왔을 것이기 때문이다. 자신의 말을 구성하는 요소들을 확인(Identification)하는 데 있어 이해와 지원이 필요할 것이다. 또한 내담자는 자신의 말을 직면하는 순간에 분노, 부인, 수치심이나 두려움과 같은 감정적 반응을 경험할 가능성이 높다. 따라서 치료사는 매우 조심스럽고 민감하게 접근해야 한다. 내담자가 이 과정을 잘 견디고 있는지를 자주 확인해야 한다.

> 우리의 목표 중 하나는 말더듬에 동반된 감정적 반응을 줄이는 것이다. 그렇기에 치료사의 진정한 관심과 수용적인 태도하에서 행동을 분석적으로 검토하는 것은 불안을 줄이는 데 도움이 된다.
>
> (Van Riper, 1973, p. 247)

확인(Identification)의 계층 구조

Van Riper(1973)는 치료에서 확인 과정의 계층 구조를 제안한다. 이 과정은 다음과 같은 순서로 진행된다.

- 유창하게 말한 사례 확인: 말더듬 성인에게 유창하게 말한 사례를 알아차리도록 요청한다. 말하기에서 의외로 유창한 부분이 많다는 사실에 놀랄 수 있다. 이는 그가 비유창한 부분에만 집중해 왔기 때문이다.
- 짧고 쉬운 말더듬 사례 수집: 다음으로, 내담자는 Van Riper가 '유창한 말더듬'이라고 부르는 짧고 쉬운 말더듬의 사례를 모아야 한다. 이 작업은 말더듬 성인에게 말더듬에 다양한 방식이 있음을 알려 준다. 이제껏 인식하지 못했을 수도 있다. 이러한 작은 '유창한 말더듬'은 다루기 더 쉬울 수 있으며, 말더듬 성인의 말하기에서 이미 발견할 수 있는 부분이기도 하다.
- 준비책(preparatory set) 분석: 말더듬 성인이 문제되는 단어나 소리를 말하는 것을 미루거나 준비하기 위해 자주 취하는 사소

한 조치, 즉 '준비책(preparatory set)'을 분석한다. 예를 들어, 단어 순서를 바꾸거나, 불필요한 경우임에도 단어 전에 깊게 숨을 들이쉬거나 조음 기관의 긴장을 증가시키는 것 등이 있다. 이러한 행동은 자주 부정적인 감정을 동반하므로, 치료사는 이러한 감정을 세심하게 살펴보는 것이 중요하다.

• 치료실에서의 탐색: 치료실에서 내담자와 치료사가 함께 내담자의 말을 탐색하는 것을 추천한다. 예를 들어, 발화 샘플을 녹음하고 이를 재생하여 함께 들으며 분석하는 방법이다. 나중에는 내담자가 다른 환경에서도 샘플을 만들 수 있도록 가까운 주변인들로부터 도움을 받게 한다.

• 말더듬의 본질 파악: 마지막으로, 말더듬의 본질을 파악하는 단계로 넘어간다.

[참고: Van Riper(1973)는 이 시점에서 회피행동을 확인하는 작업을 한다. 그러나 내가 지지하는 접근법에서는 회피 작업이 훨씬 더 초기 단계에서 완료된다. 말더듬이 더 노출되고 접근 및 변화가 용이해진다.]

이 단계에서 Van Riper(1973)는 내담자의 말에서 세 가지 유형의 발화를 비교하는 방법을 설명한다. 이는 핵심적인, 또는 '비정상적인' 발화, '유창한 말더듬' '정상적인' 발화이다. 내담자는 이 세 가지를 비교하고 대조하는 연습을 한다. 이 과정을 통해 내담자는 각 발화가 신체적으로 어떻게 이루어지는지, 즉 각 발화의 특징적인 행동을 찾아보게 된다.

우리는 말더듬 성인이 자신의 말을 청각적으로 모니터링하는 기존의 관점을 바꾸려고 한다. 우리는 그가 자신의 말에서 중단이나 비정상적인 소리를 듣는 것을 멈추고, 실제로 자신이 어떤 행동을 하고 있는지 알아내기를 바란다.

(p. 257)

치료사와 내담자는 먼저 눈에 보이는 차이점을 확인(Identification)한 후, 촉각적, 시각적, 청각적 구별로 넘어가는 것이 좋다. 예를 들어, "단어 'so'를 말할 때, 발음이 쉬웠던 경우 입을 어떻게 위치했나요? 입술의 위치는 어떻게 되었나요? 입술의 위치는 어땠나요? /s/ 소리를 예상했나요, 아니면 다른 소리를 예상했나요?" 이러한 방식으로 말더듬의 핵심을 일종의 과학적인 접근으로 직접 살펴보면, 내담자는 한발 물러서서 더 객관적인 관찰자 역할을 할 수 있다. 그러나 치료사는 이 과정이 내담자에게 도전적일 수 있으며, 종종 감정적인 문제를 불러일으킬 수 있다는 점을 유의해야 한다.

이 과정에서 말더듬 성인은 발화 패턴을 바꿔 보는 실험을 하고 싶어 할 수 있다. 그러나 이 단계의 목표는 발화 패턴을 바꾸는 것이 아니며, 이는 이후 단계에서 이루어진다. 그럼에도 이 시점에서 변화를 실험하려는 내담자의 의욕과 참여도는 긍정적으로 평가될 수 있겠다.

주목할 특정 영역

Van Riper(1973)는 이 확인(Identification) 과정 동안 말더듬 성인이 집중해야 할 몇 가지 특정 영역을 설명한다. 첫째, '긴장이 발생하는 지점'을 확인한다. 이는 특정 소리의 발음과 관련된 근육 긴장 부위를 말한다. 둘째, '다시 물러서는 반복 행동(repetitive recoil behaviors)'을 확인한다. 이 작업에서는 말더듬 성인이 특정 소리나 단어를 시도하다가 중단하거나 회피하는 행동을 탐색하게 된다. 이는 발음 시도를 중단하거나 다른 단어를 덧붙이는 방식으로 나타나는 반복적 회피행동이다. 이러한 반복은 말더듬과 직접적으로 관련된 소리와는 무관하며, 예를 들어 'see'를 발음하려고 할 때 'well, / sa sa sal well / sa sdl' 같은 추가적인 단어나 구절을 반복하는 것이다. 말더듬 성인이 자신의 이러한 반복이 말하려는 소리, 단어와 관련이 없다는 것을 인식하는 것은 정말 중요하다. 이는 이 문제를 억제하는 첫 단계가 된다.

 ## 변형

선행 작업의 일환으로('제5장 Point 47' 참조), 내담자는 비언어적 행동 면에서 여러 가지 변화를 시도해 왔을 것이다. 예를 들어, 출근 경로를 바꾸거나 점심 메뉴를 바꾸거나 장을 보는 장소를 변경하는 것과 같은 활동들 말이다. 이 절에서는 말하기와 관련된 행동의 변형(Varieation)을 중점적으로 다룬다.

말하기의 변형(Speech variation)

말하기 패턴을 바꾸려면 이 단계에서 시작하는 것이 좋다. 말하기의 특정 특징 중에는 상대적으로 쉽게 수정할 수 있는 것들이 있다. 이러한 특징들에는 다음이 포함된다.

- 목소리의 크기: 목소리를 약간 크게 또는 작게 조절하는 것. 이는 대화 상대, 특정 상황에 따라 또는 문장 끝에서 목소리의 크기를 증가하거나 감소하는 방식으로 조절할 수 있다.
- 속도: 말 속도를 증가 또는 감소하는 것. 이는 대화 상대나 특정 상황, 문장 길이에 따라 실험할 수 있다.
- 억양과 강세 패턴: 말할 때 음성의 운율을 조절하는 것. 억양과 강세 패턴을 더 규칙적으로 만들거나, 감정이 적고 단조로운 발음을 하거나, 반대로 억양과 강세의 범위를 넓혀서 발음에 변화

를 주는 방법을 포함한다.

말더듬의 변형(Stammering variation)

이 작업의 목표는 특정 행동의 강도를 줄이는 것이다. 이는 여러 가지 방법으로 이루어질 수 있다 (영상을 사용할 수 있다면 더욱 효과적이다).

> '말더듬'을 다양화하는 것을 배우는 것은 매우 중요하다. 말더듬 수정을 시도하기 전에 이 과정을 거치는 것이 좋다.
>
> – Kato Polfliet
> (사적 대화 중에서, 2021)

- 미루기나 준비 행동 방해하기: 습관적인 특정 준비 행동을 변화시켜 방해하는 것이다. 예를 들어, Linda는 문제의 단어 앞에 'You know'를 사용했으나, 'I know' 'we know' 'well' 등의 대안을 생각해 보았다. 여러 가능성 중에서 선택할 수 있는 것이 유용하다.
- 준비 행동의 이중화: Linda의 예에서 'You know'를 두 번 반복하는 것이다. 많은 말더듬 성인은 이런 방법의 유효성에 회의적이지만, 경험상 이는 습관적인 준비행동을 잘 방해할 수 있어 즉각적으로 결과를 내는 경우가 많다.
- 준비 행동 줄이기: 치료사는 개인에게 준비 행동을 줄이거나 궁극적으로 완전히 없애 보라고 제안할 수도 있다. 이를 위해서는 발화를 계속 진행하면서 이미 말한 내용을 되돌아보지 않는 것이 필요하다. 이 연습에서 말더듬 성인은 자신의 발화에 집중하여 미루기 행동이 발생하는 것을 모니터링할 수 있어야 한다. 이 연습은 특정 상황에서만 가능한 경우가 있으며, 이 부분은 내담자와 논의하여 결정해야 한다.
- 행동 순서 변형하기: 행동 순서를 변경하는 것은 내담자가 말더

듬 행동을 어떻게 진행하는지 파악하고 이를 방해하여 행동의 강도를 줄이는 방법이다. 예를 들어, 어떤 내담자가 먼저 눈을 감고 그 다음 입술에 긴장을 증가시키는 경우, 치료사는 그에게 먼저 입술을 긴장시키고 눈을 감기 전에 입술의 자세를 유지하도록 지시할 수 있다.

- 말더듬을 순간적으로 변형시키기: 이 연습에서 치료사는 말더듬 성인과 함께 말을 더듬으며 정확히 그의 행동 패턴을 따라한다. 이후 치료사는 약간 다른 움직임으로 모델링을 한다. 그리고 내담자에게 그 변형에 맞추어 자신의 말더듬을 순간적으로 변화시키도록 유도한다. 이 과정이 성공하려면 치료사가 내담자의 말더듬을 내담자만큼 잘 알아야 한다. 말더듬 성인과 치료사가 협조하여 말더듬 행동과 수정 사항을 세심하게 살펴야 한다.

이 단계가 끝나면, Van Riper(1973)가 설명한 바와 같이 된다.

> 말더듬 성인은 이제 자신의 다양한 말더듬 행동을 확인(Identification)하게 되었고, 어느 정도 둔감화되었으며……. 스스로 말더듬을 변형하고 다양화할 수 있다는 것을 알게 되었다.
>
> (p. 311)

이제 다음 단계인 수정으로 넘어갈 시간이다.

66 막힘 수정

　이 기법은 말더듬 성인에게 여러 가지 이유로 흥미롭다. 첫째, 이 기법은 '역방향'으로 작업하는 접근 방식이다. 즉, 막힘이 발생한 후부터 시작하여 막힘 중에, 그리고 마지막으로 막힘 발생 전의 단계를 다룬다. 이를 위해서는 말더듬 성인이 비유창성을 겪으며 되돌아가거나 미루는 행동을 없애는 데 집중할 수 있어야 한다. 그렇지 않으면 이 기법은 효과를 보지 못할 것이다.

　둘째, 이 기법은 매우 유용한 기술이다. 왜냐하면 실패하지 않기 때문이다. 말더듬 성인이 막힘을 수정하는 모든 방법을 배우고 나면, 고를 수 있는 여러 가지 선택지가 있다. 만약 막힘 전 단계를 놓치더라도, 막힘이 발생하는 동안(막힘 중) 말더듬을 '잡을' 기회가 있으며, 막힘이 끝난 후(막힘 후)에도 여전히 대응할 수 있다.

　이 과정은 설명하기 복잡할 수 있다. 처음에는 시각적 자료를 사용하는 것이 말더듬 성인이 개요를 더 쉽게 이해하는 데 도움이 된다. Turnbull과 Stewart(2017)의 연구에서는 막힘 수정을 전체적으

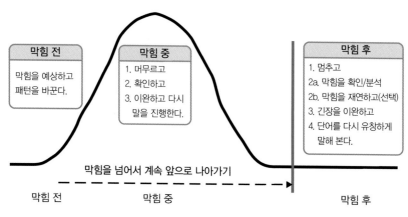

막힘 전	막힘 중	막힘 후
막힘을 예상하고 패턴을 바꾼다.	1. 머무르고 2. 확인하고 3. 이완하고 다시 말을 진행한다.	1. 멈추고 2a. 막힘을 확인/분석 2b. 막힘을 재연하고(선택) 3. 긴장을 이완하고 4. 단어를 다시 유창하게 말해 본다.

막힘을 넘어서 계속 앞으로 나아가기

막힘 전　　　　　막힘 중　　　　　막힘 후

[그림 7-1] **막힘 수정 단계의 시각적 표현**

로 소개하는 간단한 도표를 제공한다. 이 도표를 이용해 소개한 후, 기술을 막힘 후, 막힘 중, 막힘 전의 세 부분으로 나누어 연습을 진행한다([그림 7-1] 참조).

막힘 후 수정[또는 취소(cancellation), Van Riper, 1973]

아마도 막힘 수정의 가장 중요한 단계일 것이다. 서두르지 않고 신중하게 진행해야 한다. 이 단계는 다른 모든 단계의 기초가 되는 중요한 부분이다. 막힘 후 수정은 몇 가지 부분으로 구성된다. 잠시 멈추기[일시정지(pause)], 반복 연습, 목표 단어의 산출이다.

잠시 멈추기(pause)

첫째, 말더듬 성인은 막힘이 끝나면 즉시 발화를 멈추고, 발화의 나머지를 계속하기 전에 잠시 멈춘다. Van Riper에 따르면, 이 일시정지(pause)의 효과는 막힘과 그 뒤에 나오는 유창한 발화 사이에 명확한 구분을 만들어 주는 것이다. 이렇게 하면 막힘이 유창한 발화로 '보상'받지 않게 된다. 이때, 일시정지의 길이가 중요하다. 말더듬 성인이 막힘의 끝을 인식하고, 나중에 할 활동을 이 시간 안에 수행할 수 있을 만큼 충분히 길어야 한다. Van Riper는 말더듬 성인이 'hippopotamus'를 속으로 또는 작은 목소리로 세 번 말할 수 있을 정도, 즉 약 3초간 일시정지하라고 제안한다.

Turnbull과 Stewart(2017)는 처음에는 가장 심각한 막힘에 이 기술을 사용하고, 말더듬 성인이 이 기술에 능숙해지면 덜 심각한 막힘에도 적용하도록 권장한다.

발생할 수 있는 어려움

말더듬 성인이 막힘 직후 즉시 일시정지하는 데 어려움을 겪을 수 있다. 막힘이 발생한 후 몇 마디를 더 말한 뒤에야 막힘을 인식하고 멈출 수 있다. 이는 시간이 지나면 쉽게 개선될 수 있다. 주의와 시간을 기울이면 말더듬 성인은 점점 더 빨리 막힘에 집중할 수 있으며, 막힘이 끝난 직후 즉시 일시정지할 수 있게 된다.

잠시 멈추며 충분한 시간을 갖는 것이 때로는 어려울 수 있다. 말더듬 성인이 침묵을 막힘과 동일시하거나 조용히 있는 것을 힘들어하여 일시정지를 서두를 수 있다. 이 경우, 막힘 수정 단계 작업을 계속하기 전에 침묵을 견디는 연습이 추가적으로 필요할 수 있다('제5장 Point 49' 참조).

막힘 후 수정이 일상적인 특징이 되면, 말더듬 성인은 이 일시정지를 두 가지 활동에 활용할 수 있다. 첫째, 일시정지를 사용하여 몸이나 조음 기관 관련 근육에 긴장을 풀고 이완할 수 있다. 이때 두세 번의 횡격막 호흡이 도움된다.

둘째, 말더듬 성인이 충분히 침착해지면, 일시정지를 활용하여 방금 발생한 말더듬의 특징을 확인(Identification)할 수 있다. 이 과정에서 감각적, 시각적, 운동감각적, 청각적 방식으로 다음을 인식해야 한다.

- 조음 기관의 위치
- 긴장된 부위
- 눈 감기
- 발음하는 소리
- 추가적인 움직임

수정 반복(reduplication) 연습

이 단계는 말더듬 성인에게 매우 도전적일 수 있다. 이 단계에서 내담자는 잠시 멈추어 말더듬이 발생한 단어를 간단한 버전으로 모방해야 한다. 그 후에는 동일한 단어의 개선된 버전, 즉 말더듬 없이 더 쉽게 발음하는 버전을 즉시 시도한다. 때로는 의사소통 상황에 따라 이 단계를 수행할 수 없는 경우가 있으므로, 외부 연습은 상황에 맞게 조정될 필요가 있다. 예를 들어, 집에서 나누는 가족과의 대화나 말더듬에 대해 잘 알고 있는 지인과의 대화에서 모방과 반복을 연습하는 것으로 제한할 수 있다.

목표 단어를 유창하게 반복하기

마지막으로, 모방을 생략하고, 말더듬 성인은 더 쉬운 버전의 같은 단어를 다시 말한다.

Van Riper(1973)는 이 산출이 '더 천천히' '더 강하게' '더 신중하게 의식적으로' 이루어져야 한다고 설명한다. 이는 말더듬 성인이 자신의 발화에서 변화를 인식하고 이를 수정하려고 하고 있음을 대화 상대에게 알리기 위해서이다. 말더듬 성인이 말더듬 순간에서 서둘러 벗어나지 않는 것이 중요하다. 다시 말해, 목표 단어를 반복하는 이 단계는 긴장과 서두름을 최소화한 상태에서 다음 발화 부분을 준비할 때 신중하게 진행되어야 한다.

참고

말더듬 성인은 이 단계만으로도 막힘을 관리할 수 있을 것이라 느낄 수 있다. 그러나 다른 사람들은 프로그램의 나머지 두 가지 수정 단계(막힘 중 수정과 막힘 전 수정)를 배우고, 자신의 말더듬을 처리하는 방법과 시점을 선택할 수 있다.

막힘 후 수정을 요약하자면 다음과 같다.

- 막힘을 완료한다.
- 막힘을 완료한 후 즉시 일시정지한다.
- 막힘을 완료하고 일시정지하며 차분해진다.
- 막힘을 완료하고 일시정지하며 차분해진 후 긴장 부위를 확인한다.
- 막힘을 완료하고 일시정지하며 차분해진 후 막힘이 어떻게 발생했는지 모방한다.
- 막힘을 완료하고 일시정지하며 차분해진 후 막힘을 모방하고 단어의 더 쉬운 발음을 모방하여 막힘행동을 제거한다.
- 막힘을 완료하고 일시정지하며 차분해진 후, 목표 단어를 말더듬 없이 더 쉽게 반복한다.

막힘 중 수정

[In-block modifcation, 또는 Van Riper의 '빠져나오기(Pull-outs)']

이 단계에서 말더듬 성인은 자신의 말더듬 순간을 제어하고 발생 중인 행동을 수정한다. Van Riper(1973)는 내담자가 막힘 후 수정 단계에서 자동적으로 이 단계로 넘어가는 경향이 있다고 언급한다.

처음에는 개인이 말더듬이 발생하는 순간에 그 말더듬을 '잡아내려'는 시도를 할 때마다 보상을 받는다. 예를 들어, 긴장을 풀거나 발음을 천천히 하는 것이 이에 해당한다. 만약 그가 말더듬에서 긍정적인 시도를 했다면, 단어를 취소할 필요 없이 나머지 문장으로 진행할 수 있다. 이렇게 하면 그의 노력에 대해 보상을 받게 된다.

치료가 진행되면서 치료사는 내담자가 말더듬이 발생하는 순간에 행동을 더 효과적으로 변형할 수 있도록 도와준다. 치료사는 그가 하는 행동을 관찰하고 그에 따라 더 효과적인 변화를 제시한다. 예를 들어, Djo가 'where'라는 단어를 발음할 때, 그는 입술을 앞으

〈표 7-2〉 막힘 중 수정(In-block modifications)

말더듬 행동의 타입	치료사 지시사항
can의 /k/에서 막힘	
– 혀를 치조에 놓고 있음	"혀에 있는 긴장을 좀 풀어 보세요."
– 턱이 뻣뻣함	"턱을 살짝 내려 보세요."
– 후두가 잠김	"성대에 공기가 지나가게 해 보세요."
orange의 /o/에서 무음 막힘(silent block)	
– 후두가 잠김	"발성을 시작할 때, 쉰 소리로 내 보세요. 그리고 정상적으로 소리를 내 보세요. 그리고 모음을 길게 연장시켜 볼게요."
– 혀가 올라간 상태	"혀 끝을 편안한 위치로 내려 보세요."
– 입을 완전히 벌림	"입을 조금만 닫아 볼까요?"

로 밀어 턱에 긴장을 주었고, 눈을 감고 소리를 길게 했다. 치료사는 그에게 말더듬을 계속하면서 턱의 긴장을 풀고, 입술 자세를 부드러운 /w/로 바꾸도록 유도한 후 눈을 뜨게 했다.

중요한 것은 말더듬이 발생한 후 단어를 다시 말하려고 시도하지 않는 것이다. 말더듬 중에는 항상 앞으로 나아가는 원칙이 이 단계에서도 그대로 적용된다.

치료사는 다양한 수정 방법을 제시하여 내담자에게 어떤 것이 효과적인지 시도해 보도록 한다. 제안하는 아이디어의 순서는 중요하지 않다. 원칙은 무엇이 효과적인지 실험을 통해 알아보는 것이다. 이러한 실험 정신으로, 치료사는 내담자와 함께 말더듬 순간에 행동 변화를 모델링하여 시각적이고 청각적인 변화를 제공할 수 있다. 이 과정이 진행됨에 따라 내담자는 자신에게 가장 효과적인 수정 방법을 인식하게 된다. 이렇게 하면 말더듬을 순간적으로 수정하는 것이 더 쉬워지고, 덜 무작위적으로 느껴지게 된다.

만약 내담자가 말더듬 순간을 수정하지 못할 경우, 항상 '안전망'

으로 막힘 후 수정 기법을 활용할 수 있다. 이로써 말더듬은 수정되지 않은 채로는 진행되지 않는다.

막힘 전 수정(Pre-block modif cation)

이 마지막 단계는 말더듬에 대한 예상 또는 '준비책(preparatory set)'의 시작을 수정하는 것을 목표로 한다('제7장 Point 64' 참조). 내담자는 종종 지시받지 않고 이 단계로 넘어간다. 그는 막힘 중 행동을 관리하는 법을 배웠고, 이제는 문제를 일으킬 가능성이 있는 소리들을 발음하기 전에 이 학습을 적용할 수 있다. 이 경우, 내담자의 사전 계획은 기존의 말더듬 준비책이 아니라, 막힘 중과 막힘 후 수정에서 연습한 새로 배운 말더듬 완화 기법이 된다.

말더듬이 예상되는 단어에 접근할 때, 내담자는 잠시 멈추고 발음 근육을 이완시킨 후, 이전 실험에서 배운 대로 단어를 발음하는 방법을 잠시 계획한다. 예를 들어, 경험상 자신의 혀와 입술이 긴장되는 경향이 있음을 알고 있으므로 가벼운 발음 접촉을 행할 수 있을 것이다. 또는 너무 많은 공기 압력이 성대에 부담을 주는 대신 차분한 호흡을 시도할 수 있다.

다시 말해, 준비책이 성공하지 못할 경우, 내담자는 막힘 중 수정 또는 막힘 후 수정 기법을 사용할 수 있다. 이로 인해 항상 자신의 발음을 긍정적으로 개선하려고 노력하게 된다.

말더듬 수정 기법 요약

Everard와 Howell(2018)은 사용자의 관점에서 말더듬 수정 접근법을 보고했다. 또한, 모든 막힘 수정 과정을 요약한 동영상이 Vimeo에 있으며, 다음 링크에서 확인할 수 있다. https://vimeo.com/553899193 ; Explaining Block Modification: A Tutorial by Dr

Trudy Stewart.

한편, 〈표 7-3〉에서는 내담자가 /s/ 발음에 수정 기법을 사용한
예시를 볼 수 있다.

〈표 7-3〉 단어 'stammer'의 /s/에서 수정 기법을 사용한 내담자의 예

막힘 전 수정	막힘 중 수정	막힘 후 수정
기존의 준비책을 예상한다.	×	×
조음 기관을 이완시킨다.	×	×
횡격막 호흡을 한다.	×	×
×	계속해서 /s/를 길게 발음한다.	×
×	조음 기관의 긴장을 점차 줄인다.	×
×	/s/에서 /t/로 그리고 모음으로 자연스럽게 전환한다.	×
×	×	막힘을 끝낸다.
×	×	잠시 멈춘다(이때 마음을 진정시키고, 긴장을 풀며, 말더듬 패턴을 파악한다).
×	×	목표 단어를 힘들이지 않고 반복한다.
×	×	문장의 나머지 부분을 느리고 차분하게 계속 말한다(즉, 말더듬에서 벗어나기 위해 서두르지 않는다).

📖 참고문헌

Everard, R.A. & Howell, P. (2018). We have a voice: Exploring participants' experiences of stuttering modification therapy. *American Journal of Speech & Language Pathology, 27*(3S), 273-1286.

Guitar, B. & Peters, T.J. (1980). *Stuttering: An Integration of Contemporary Therapies.* Memphis: TN: Stuttering Foundation of America.

Manning, W.H. (2001). *Clinical Decision Making in Fluency Disorders.* Canada: Singular Thompson Learning.

Shapiro, D. (1999). *Stuttering Intervention.* Austin, TX: ProEd.

Turnbull, J. & Stewart, T. (2017). *The Dysfluency Resource Book,* 2nd edition. London: Routledge, Taylor & Francis Group.

Van Riper, C. (1973). *The Treatment of Stuttering.* Englewood Cliffs, NJ: Prentice-Hall, Inc.

📖 기타 참고 자료

Cheasman, C., Everard, R. & Simpson, S. (2013). *Stammering from the Inside: New Perspectives on Working with Young People and Adults.* Havant: J.R. Press.

Van Riper, C. *Adult Stuttering Therapy.* This single DVD, over six hours long, reproduces all of Van Riper's classic series of nine videotapes on this subject. They depict the management of stammering from the evaluation interview, through seven therapy sessions, to both 1-year and 20-year follow-up. Available from the British Stammering Association/Stamma and Stuttering Foundation of America.

100

치료:
자신 있게 말더듬기

67 시작하는 말

'자신 있게 말더듬기(Stammer More Proudly)'라는 새로운 사고방식에 대한 관심이 높아지고 있다(Simpson et al., 2021). 이번 장에서는 이러한 새로운 가치관의 기원을 알아보고 말더듬 성인을 위한 목표가 무엇인지에 대해 설명하고자 한다. 말더듬 성인이 스스로 치료옵션을 선택할 때는 다양한 정보를 바탕으로 판단해야 한다. 정보의누락 없이 판단할 수 있도록 언어치료사가 필요한 정보를 제공할 수있어야 하기에 '자신 있게 말더듬기' 관점에 대한 내용을 제시하고자 한다. 여기서는 언어치료사인 Patrick Campbell, Sam Simpson, Katy Bailey, Kath Bond, Yorkshire CEN 및 기타 개인들 그리고 Doncaster 자조 모임 구성원들과 개인 블로그 글 등을 토대로 '자신있게 말더듬기' 운동을 지지하는 많은 사람과 나눈 대화 및 글을 인용할 것이다. 언어치료사의 의견도 포함했지만, 이 장에서는 특히말더듬 성인의 목소리가 가장 중요하다.

68 '말더듬 자긍심'이란 무엇인가

Doncaster 자조 그룹의 말더듬 성인 몇 명의 의견을 들어보자. '말더듬 자긍심(STAMMERING PRIDE)'이 무엇을 의미하는지 물었을 때, 그들은 이렇게 대답했다.

"'말더듬 자긍심'이라는 말을 들었을 때 내 마음에 떠오르는 것은 '받아들이고 인정하며, 말더듬을 가시적으로 드러내는 것'이다. 말더듬 자긍심은 내 말의 특징을 숨기거나 '고치기' 위해 너무 힘들게 싸울 때 경험하는 수치심과 반대되는 의미이다."

"말더듬 자긍심은 나의 말더듬을 인식하고 인지하는 것. 뇌의 구조적 차이로 인해 말더듬을 단순히 '우리가 말하는 방법 중 하나'라고 보는 것이다. 말더듬은 나의 문제가 아니라 사회적 문제이다. 이것은 마치 휠체어 사용자를 위한 경사로가 없는 사회인 것이다! 말더듬은 사회적으로 배제되고 있다. 미디어도 책임이 있다! 말더듬을 공개하고 논의하는 것은 다른 사람들이 말더듬을 이해하는 데 도움이 되며, 이는 비록 느린 속도일지라도 변화를 가져올 것이다."

69 장애의 사회적 모델

현재 말더듬에 대한 이해와 관리의 대부분은 장애를 장애인 개인의 '문제'로 보는 의학적 모델에 크게 기반을 두고 있다. 내담자(환자)는 종종 의료기관에서 진료를 받아 진단이 확정되고 치료 처방을 받는다. 이 시나리오에서 말더듬 성인은 '지시적인' 치료를 받는 대상자가 된다. 이러한 치료 환경에서 치료사는 일정한 매뉴얼을 따르게 될 가능성이 있다.

(참고: 이 책의 대부분은 의학적 모델에서 벗어나 치료자와 이 공동으로 맞춤형 계획을 결정하고 치료 과정에서 실험하는 협력적인 방식을 보여 준다. '제5장 Point 46' 참조)

'말더듬 자긍심' 접근법은 의학적 모델과는 다른 원리에 기반한다. Campbell(2018)은 다음과 같이 기술하였다.

> 정확하게 정의하기에는 여전히 추상적인 표현이다. 이는 사회적 모델, 정치적 모델, 신경 다양성(다양한 신경질환을 정상의 범주에 포함시키자는 운동) 및 더 일반적으로 꾸준히 진화하는 문화적 배경에서 비롯된 다양한 이념들의 혼합물이다.
>
> (www.redefiningstammering.co.uk/fresh-eyes)

먼저 장애의 사회적 모델의 영향을 고려해 보자. Oliver(1990)가 Hunt(1966)의 연구를 바탕으로 설명한 이 모델은 장애와 손상을 구분한다. 사람은 청각장애나 정신질환 같은 손상을 가질 수 있지만 이것이 반드시 장애가 되는 것은 아니다. 개인이 경험하는 장애의 정도는 사회에서 존재하는 장애물, 편견 또는 선입견으로 인해 결정된다. 예를 들어, 시력이 제한된 사람일지라도 집에서는 밝은 조명이 비추는 구역, 방을 구분하는 바닥, 점자로 쓰인 읽을거리 등을 이용할 수 있어 장애가 되지 않는다. 그러나 그가 지역 카페에 들어갔을 때, 조명이 어둡고 테이블 사이에 공간이 부족하며 점자로 된 메뉴가 없을 경우, 그는 독립적으로 기능할 수 없으며 앉아서 음료를 선택하는 데 도움이 필요하다. 이 카페는 다양한 시각 능력을 가진 사람이 접근할 수 없기 때문에 그의 손상을 장애로 만든다.

70 사회적 모델과 말더듬

말하는 대부분의 상황에서 눈에 띄는 정도의 말더듬을 하는 사람
이 있다고 가정하자. 이 자체는 장애의 상황이 아니지만, 특별한 음
성인식 장치를 사용하거나 다른 사람들이 그가 문장을 완료할 때까
지 기다리지 않거나 혹은 마치 지적장애가 있는 것처럼 대우하는
순간 말더듬은 장애가 된다. 마찬가지로, 내재화된 말더듬(역자 주:
interiorised stammer, 말더듬을 유발하는 특정한 단어, 구절, 상황 등을 회
피하는 전략을 사용하는 말더듬 성인)이 있는 사람은 특정 단어나 구절
을 말해야 하며 선택권이 없는 상황에서(예: 개인 정보 제공 또는 반드
시 대답해야 하는 질문을 받은 경우) 장애를 겪게 된다.

71 비판 이론

'자신 있게 말더듬기'에 관련 있는 두 번째 모델은 비판 이론
(critical theory)이다. 이 이론은 각종 사회적 차별(예: 인종차별, 성차
별)과 억압의 형태에 사회적 경종을 울리려는 움직임이다. 비판 이
론은 어떤 부분이 잘못되었는지 설명하고 필요한 변화를 세부적으
로 제시하고자 한다. 그 목적은 개인을 구체적인 억압에서 해방시키
고 사회적 변화를 이루는 것이다. 말더듬과 관련된 억압 중 하나는
'능력주의(ableism)'이다. 사회가 건강한 신체를 가진 사람들과 유창
하게 말하는 사람들에게 유리하도록 세팅되어 있다는 것이다.

72 비판 이론과 말더듬

사회는 유창한 말을 중요시하며, 유창한 말을 하는 사람들이 매체와 기타 여러 분야에서 가장 표준화된 모습으로 비친다(Claypole, 2021). 유창성의 정도가 다른 사람은 미디어에서 거의 볼 수가 없다. 혹여 출연한다면 대개 영화나 드라마 등에서 심리적 특성이나 취약성을 가진 사람 또는 지능이 부족하고 연약하며 불안 또는 신경질적인 사람으로 고정관념화된다(Johnson, 2008).

73 치료 환경

Stewart(1995)는 언어치료사들이 말더듬을 '틀에 끼워 맞추는' 방식으로 관리하고 있다며 우려를 표명했다. 이러한 방식으로는 말더듬 성인이 유창한 세계에서 진정한 자신이 되지 못하며, 자신이 살고 일하는 환경에서도 본래의 말을 더듬는 자신을 드러내지 못하게 된다.

> 우리(언어치료사)는 내담자들이 더 유창하게 말하도록 가르치는 데 초점을 둔다. 반면에 다른 사람들이 말더듬을 자연스럽게 받아들이도록 교육하는 경우는 매우 드물다. 또한, 내담자들이 말더듬을 수용하도록 돕기는 하지만, 그들의 삶에 미치는 심각성과 영향을 줄이는 데 그친다. 그래서 실제로 그들이 여전히 긴장되고 불안한 고정관념을 가진 사회에서 말을 더듬고 있다는 것은 분명한 사실이다.

(p. 482)

Stewart(1995)는 언어치료사들이 교육적인 역할을 수행하고 비유창한 말에 대한 사회적인 태도 변화를 이끌어 내서 사회 모든 세대가 이를 받아들일 수 있도록 도와야 한다고 주장했다. 그는 '사회가 장애 개념을 받아들이는 것처럼' 언어치료사도 불완전한 말에 대한 인식을 변화시켜야 한다고 말했다(p. 482).

같은 논문에서 한 말더듬 성인은 자신의 방어적 태도를 극복하고 자신의 말을 더욱 열린 마음으로 받아들이는 치료 과정에서 경험한 모순에 대해 언급하였다.

> 사람들은 내가 말을 더듬지 않았을 때 칭찬을 해 준다. 나의 '진전'에 감명을 받았다는 말을 들을 때마다 나는 내 말더듬을 억누르고 숨겨야겠다는 생각이 강화된다. 나는 치료에 들어가기 전에 늘 이렇게 생각했다. '나는 나 자신은 바꿀 수 있을 것 같지만 세상을 바꿀 수는 없을 것 같다.'
>
> (Daly in Stewart, 1995, p. 482)

비슷한 맥락에서 Campbell(2019)은 사회적 억압이라는 측면에서 자신의 말더듬을 이렇게 바라보았다.

> 유창함에 대한 나의 갈망은 결국 우리 사회에서 말더듬을 비하하고 차별하는 문화의 일환에서 비롯되었다는 것을 깨달았다. 그리고 그 문화는 나 스스로의 내면에 자체적인 비하와 억압으로 자리 잡았다.
>
> Stamma website[accessed March 2021]

말더듬 커뮤니티의 활성화

Stewart의 논문 이후로 일부 언어치료사들은 말더듬이 있는 개인들 편에서 꾸준히 노력해 왔다. 그보다 더 주목할 변화는 말더듬이 있는 개인들이 스스로 목소리를 내고 자신들의 목소리를 들어 달라고 주장하는 데 적극적으로 나섰다는 것이다. 예를 들어, 미국에서는 'Did I Stutter' 블로그와

> '말이 유창한가, 비유창한가'는 우리가 좋은 사람인지 나쁜 사람인지 결정하는 요소가 아니다. 그 누구도 말더듬을 선택하지 않았다. 이러한 이유로, 언어치료사나 다른 사람들은 이 사회에서 완전히 인정받을 수 있도록 수용 조건을 조성해야 한다.
>
> – Jan Dezort
> (사적 대화 중에서, 2021)

'StutterTalk'라는 팟캐스트가 말더듬 자긍심을 높이는 데 영향을 주고 있다. 영국에서도 '자신 있게 말더듬기'를 지지하는 사람들이 이러한 인식개선 활동에서 중요한 역할을 하며 비판 이론 측면에서 현재 무엇이 잘못되었는지, 무엇을 변화시켜야 하는지를 명확히 하는 데 중요한 역할을 하고 있다.

75 '자신 있게 말더듬기'의 목표

최근 옥스포드말더듬학회에서 발표된 Simpson 등(2021)의 논문에서는 다음과 같이 말더듬을 정의하고 있다.

"말더듬은 언어 및 사회적 상호작용의 맥락에서 예측할 수 없고 독특한 말소리 실행을 유발하는 신경발달 변이이다."

그들은 또한 '자신 있게 말더듬기' 운동의 목표를 제시했다. 가능한 한 개별 항목들에 대한 논문과 연구를 자세히 언급하고자 한다.

165

신경 다양성 수용하기. 많은 사람이 신경학적 기반의 원인으로 말더듬 증상을 보인다는 증거가 있다. 이러한 증거를 병리학적인 것으로 여기는 대신, 말하는 능력의 신경학적 다양성의 일부로 볼 수 있다. 걷는 방법이 다양한 것처럼 말하는 방법도 여러 가지가 있다. 높은 음성, 더 거친 목소리, 더 큰 소리와 마찬가지로 덜 빠르고 덜 유창한 말 산출을 포함한다. 이러한 관점에서 말더듬(또는 다른 유형)이 수용되기 어렵거나 유효하지 않다는 것은 불합리하다. '자신 있게 말더듬기' 운동은 말더듬이 이와 같은 방식으로 사회에서 받아들여지고 수용되기를 바란다.

말더듬은 '다름'을 의미하며, 결코 '비정상'이 아니다. 그리고 말더듬을 의학적 용어가 아닌 일상적인 용어로 재정의하는 것은 인식 개선을 통해 말더듬 성인이 세상에 자리를 마련하는 데 필수적이다.

(Pierre, 2019, p. 13)

사용하는 언어에 주의하라! 말더듬과 관련하여 흔히 사용되는 언어는 '말더듬으로 고통받는다.'거나 '말더듬은 불편한 장애이다.'라는 식으로 부정적인 의미를 자주 포함한다. 마찬가지로, 말더듬 성인은 말더듬을 '극복'하기 위해 '고군분투하는' 사람으로 묘사된다. 마치 그가 주요 적과 싸우고 있는 것처럼 말이다.

작가이자 말더듬 성인인 David Mitchell은 2016년 네덜란드에서 열린 '말더듬을 바라보는 열세 가지 방법'이라는 강연에서 강건한 태도로 이와 관련한 적극적이고 솔직한 의견을 표현했다. 그는 열한 번째 방법으로 '말더듬은 적이 아니라 당신의 일부이다.'라는 제목의 강연 챕터에서 다음과 같이 말했다.

나는 '말더듬을 극복하다.' 또는 '비유창성을 정복하다.'와 같은 표현에 반대한다. 그러한 표현은 우리가 의지력이 부족하다는 무지하고 잔인한 사고방식에서 비롯된 것이다. 이러한 표현은 우리를 절대 이길 수 없는 싸움에서 영원한 패자로 만든다.

(p. 8)

우리 모두, 즉 언어치료사, 교육자, 작가, 가족 구성원, 때로는 말더듬 성인들까지도 말더듬에 대해 말하고 쓰는 방식에 주의해야 한다. 무의식적으로 우리는 '말더듬은 나쁘고 유창함이 더 좋다.'는 시선을 강화할 수 있다. 이는 말더듬을 약화시키고, 다양한 말하기 방법의 역할을 무시하며, 말더듬 성인이 사회에 기여할 수 있는 공헌을 무효화한다. Cole(2020)은 Stamma(British Stammering Association) 웹사이트에 다음과 같은 글을 기고했다.

우리가 성인으로서 해야 할 일은 말을 더듬거나 말이 막히는 개인에게 반응하는 더 나은 방법을 찾고 대화할 때의 표현을 바꾸는 것이다. 교사가 학생에게 '천천히 시간을 가지라.'고 하거나, 관리자가 동료에게 '진정하고 숨을 쉬라.'고 하는 경우가 있다. 비록 도움이 되려는 의도일지라도 이러한 표현은 오히려 말더듬 성인의 긴장을 높이고 공개적으로 말하는 것과 말더듬 자체에 대한 부정적인 태도를 키운다.

Stamma website[accessed April 2021](Cole, 2020)

2020년 10월, BSA는 '적절한 표현 찾기(Find the Right Words)'라는 캠페인을 시작하여 말더듬에 대한 언어표현과 인식을 변화시키는 방법을 보여 주었다.

'적절한 표현 찾기'는 말더듬에 대해 이야기할 때 사용되는 부정적인 언어와 관점을 바꾸는 방법을 제시한다. 말을 더듬지 않는 사람들에게 말더듬은 단지 사람들이 말하는 다양한 방식 중 하나라는 것을 이해하도록 돕는 것을 목표로 한다.

우리의 메시지는 매우 간단하다. 우리는 말을 더듬는다. 그것이 우리의 말하는 방식이다. 사람들은 단순히 이것을 받아들이면 된다. 우리가 어떤 조치를 취한다거나 또는 어떻게든 변화해야 한다는 생각에서 벗어날 필요가 있다. 요즘 같은 시대에, 말을 더듬는 것은 나쁜 것이니 '고쳐 보자'라고 접근하면 안 된다. 말더듬은 단순히 누군가의 말하는 방식이다.

Stamma website, Oct 2020[accessed April 2021]

이 캠페인의 일환으로, 영국 전역의 주요 장소에 포스터를 게시하고, 말더듬에 대해 부적절하고 도움이 되지 않는 표현 방법을 바로잡는 엽서를 제작하였다. 예시 두 가지를 살펴보자.

Emily Blunt는 연기 수업을 통해 말더듬을 극복하게(×) 조절하게(○) 해 준 학교 선생님에게 감사를 표시했다.

Wikipedia 내용 중에서도 말더듬에 대해 이야기하는 방식이 너무나도 잘못되어서 교정을 진행하였다.

Joe Biden은 일생 동안 말더듬 문제를 겪었다.(×) 말을 더듬었다.(○)

이 캠페인은 말더듬을 질병화하는 데 사용되는 언어를 보여 주었으며, 얼마나 간단하게 문제를 제기하고 변경할 수 있는지 성공적으로 보여 주었다. 이 메시지는 다른 사람들과의 대화에도 널리 적용될 수 있다.

(참고: 이 책에서 사용하는 'person who stammers'라는 용어는 말을

더듬는 개인의 특성을 반영하고 말더듬 증상보다 사람을 우선시하기 위해 의도적으로 사용하는 것이다. 이는 특정한 말하는 방식을 가진 사람들을 간단하게 그룹화하는 의도로 사용한 것이 아니다. 그러나 말을 더듬는 모든 사람이 선호하는 용어는 아닐 수도 있다. '말더듬 자긍심'과 관련된 사람들은 종종 말더듬을 내세워 직접적인 연대를 갖는 것을 선호하여 'stammerers'로 불리는 것을 선호한다. 말을 더듬는 사람들과 함께 일하는 사람들은 이들을 어떻게 지칭할지 직접 물어보길 권장한다.)

(역자 주: 가독성과 자연스러운 표현을 위해 한국어 번역본에서는 'person who stammers'라는 용어를 '말더듬 성인'으로 대체하였다. 기존 문헌에서 자주 사용되는 '말더듬 환자' '비유창 환자'보다 병리적인 관점을 배제하고자 하였다.)

공개하기

'말을 더듬는 것은 괜찮다.'

이 책에서는 내가 가진 말더듬에 대해 공개적으로 이야기하고, 공개적으로 다른 사람들과 이에 대해 이야기하는 것이 여러 접근 방식에서 공통된 개입의 특징이었다('제5장 Point 48' 참조). 이번 장에서 말더듬에 대해 공개적으로 논의하는 취지는 '자신 있게 말더듬을 가지고 있다.'는 맥락에서 말더듬을 공개적으로 드러내는 것은 말더듬을 소유하고, 말더듬을 가질 권리를 선언하며, 세상이 이를 다양한 말하기 방식 중 하나로 받아들이도록 권장하는 것이다. 이전 장에서 언급한 '말더듬 공개하기'는 말을 더듬는 개인에게 이점을 가져다주지만, 이번 장의 목적은 다른 사람들의 시각을 변화시키고 그들의 탈감각화, 둔감화(desensitisation)를 촉진하여 말더듬을 그저 하나의 말하는 방식으로 받아들이도록 돕는 것이다.

말더듬 성인이 다른 사람들에게 자신의 말더듬을 공개하는 방법에 대해 연구되었는데, 우선적으로 '더 유창하게 말하기(speak more fluently)'와 '더 쉽게 말더듬기(stammer more easily)' 접근법을 구분해야 한다. Breitenfeldt와 Lorenz(1999)는 Successful Stuttering Management 프로그램 매뉴얼에서 말더듬 성인이 대화 상대에게 자신의 말더듬을 공개하는 세 가지 방법을 제시하였다.

- 대화를 시작할 때 또는 말더듬이 일어난 직후에 '나는 말을 더 듬는다.'는 직접적인 발언을 한다.
- 말더듬을 한 후에, 그 증상에 대해 농담을 하여 긴장을 완화한다.
- 유사-또는 가짜 말더듬(또는 자발적인 말더듬)을 수행하여 대화 초반에 의도적으로 말더듬을 공개하고 발언자가 자신의 말더듬에 둔감하게 만든다.

이 예시에서 볼 수 있듯이, 여기서의 공개는 화자가 자신의 말더듬에 대해 의연해지도록 하기 위함이지, 대화 상대의 말더듬에 대한 태도를 변화시키기 위한 것이 아니다. 한편, 공개하는 방법에 따라 청자에게 미치는 영향을 조사한 최근 연구도 있다.

- 대화 중에 말더듬을 공개했을 때(Healey et al., 2007; Lincoln & Bricker-Katz, 2008)
- 말더듬을 공개하는 다양한 방법(Byrd, Croft et al., 2017)
- 말더듬을 공개할 때 말더듬 수정 기술을 사용했는지 여부(Lee & Manning, 2010)

이러한 연구들은 대화 상대가 말더듬을 받아들일 수 있도록 도와준다는 측면에서 '자신 있게 말더듬기' 운동과 관련이 있다. 특히

Byrd, Croft 등(2017)은 말더듬을 공개하는 것이 취업 면접 상황에서 어떤 변화를 가져오는지 연구하였다. 연구 참여자들은 말더듬이 있는 지원자들이 면접관에게 다양한 방법으로 자신을 소개하는 상황의 비디오를 시청했다.

정보 제공형 발언

"시작하기 전에 말씀드리고 싶은데, 저는 말을 더듬는다는 걸 알려 드리고 싶어요. 반복되는 소리나 구절이 들릴 수도 있는데, 이해가 안 가시는 부분이 있으면 언제든지 물어봐 주세요."

사과형 발언

"시작하기 전에 말씀드리고 싶은데, 저는 말을 더듬는다는 걸 알려 드리고 싶어요. 그래서 간혹 더듬는 순간이 있을 수 있으니, 양해 부탁드려요."

언급하지 않는 경우

"면접을 보게 되어 정말 영광입니다."

실험 결과는 정보 제공형인 자신의 말더듬을 공개한 경우에서 면접관이 구직자를 더 긍정적으로 인식한다는 것을 시사했다. 또한 정보 제공형 발언을 사용한 구직자가 사과형 발언을 사용한 사람보다 더 친근하고 자신감이 있다고 여겨졌다. 따라서 말더듬 성인이 구직 면접 상황에서 면접 시작 시 사과하는 문구 대신 말더듬에 대해 정보를 공개하는 것이 말더듬에 대한 일부 오해를 바꾸는 데 도움이 될 것이다.

협력

'자신 있게 말더듬기' 운동은 말더듬 성인과 아동을 포함한 관련 조직들(예: 영국말더듬협회, 국제유창성협회 등)과 함께 말더듬 커뮤니티를 활성화하고자 한다. 이들은 연구자들과 함께 협력하길 원하며, 향후 연구 주제에 영향을 미치기를 희망한다. 이를 위해 다음과 같은 목표를 가지고 있다.

- 학자와 말더듬 성인 간의 협력을 포함하는 연구 파트너십
- 말더듬 커뮤니티의 관심사에 대한 질문 해결하기
- 학계의 경계를 초월하는 연구 결과 공유

이 그룹은 또한 '자신 있게 말더듬기'에 관하여 향후 언어치료사에게 교육하고 학부 과정에 포함시키길 원한다. 마지막으로, 언어치료사들이 말더듬 인식 개선 운동과 정책 활동을 주도하고 대중을 교육하여 말더듬에 대한 고정관념을 허무는 역할을 기대한다.

76 언어치료 그리고 '자신 있게 말더듬기'

'자신 있게 말더듬기' 접근 방식을 지지하는 일부 사람들은 언어치료사에 대해 비판적인 의견이 있다(St Pierre, 2015). 이러한 관점에서 보면 언어치료의 필요성에 대한 의문이 제기된다. 앞서 주장한 바와 같이 말더듬이 단순히 말하는 방식 중 신경 다양성 패턴의 하나라면, 언어치료는 어떤 의미일까? 말더듬이 더 이상 수정이 필요한 질환이나 상태가 아니라면, 언어치료사는 더 이상 필요없는 것일까? '자신 있게 말더듬기' 접근법은 다른 접근법과 함께 사용될 수 있는

것일까? 아니면 이 접근법만 수행해야 할까?

언어치료사의 역할에 대해 한 말더듬 성인은 다음과 같이 견해를 밝혔다.

> 말더듬에 대해 잘못된 믿음, 개인적인 의견, 오해가 많다. 언어치료사는 사회적 모델을 받아들이고, 내담자가 말더듬 자긍심에 도달하기까지의 여정을 항해하도록 도울 수 있다. '자발적 말더듬' '열린 태도 가지기' '수용' 등 많은 영역에서 좋은 언어치료사가 도움이 될 수 있다.
>
> 언어치료사가 사회적 모델을 명확하게 이해하는 것이 중요하다. '이게 사회적 모델이다. 정말 중요하다. 하지만 유창성 전략도 함께 작업해 보자.'가 아니라, 수용, 개방성 등을 명확하게 접근해야 한다.
>
> 우리 스스로 해결하지 못할 문제를 처리하는 데 전문가의 도움이 꼭 필요하다고 믿는다. 말더듬은 심리치료의 정서적 지원 측면과 더불어 전체적인 관점에서 접근해야 하며, 효과적으로 의사소통하기 위한 최상의 전략을 찾기 위해 언어치료의 도움이 필요하다. 그러나 이는 매우 개인적인 여정이며, 개인마다 다를 것이다.

'Stammer pride' 운동이 점점 활발해지면서, 저자 본인 역시 언어치료사가 어떤 역할을 할 수 있는지 고민하게 되었다. 현재, 말더듬은 여전히 사회문화적으로 오명을 받고 있으며, 사회는 말더듬 성인의 목소리를 잘 들어주지 않는다. 말더듬은 언어의 신경 다양성의 일부로서 인정받지 못하며, 이를 바꾸기 위해서는 사회 전반에 걸쳐 근본적인 태도와 실천에 대한 변화가 필요하다. 언어치료사는 사회적으로 광범위한 인식개선 및 정치적 활동에서 역할을 수행할 수 있다. 기업인, 교육계, 미디어 등을 대상으로 말더듬에 대한 태도와 실천 방식을 바꾸고 말더듬 성인이 억압받지 않도록 많은 작업이 필요하기에 더욱 활동 영역을 확장해야 한다.

'자신 있게 말더듬기' 모델에 근거하여 치료하는 언어치료사 Sam Simpson은 내담자들에게 자신의 접근 방식을 다음과 같이 설명한다.

> 나는 (중략) 당신의 말더듬이 삶의 선택과 자아 인식에 어떤 영향을 미치는지 이해하고, 의사소통 선택과 기회, 자신감을 높이는 것뿐만 아니라 말더듬에 친화적인 환경을 조성하며, 가족, 친구, 동료, 지역사회와 함께 필요한 부분에서 협력하는 것을 추구합니다. 또한 블로그, 강연 및 캠페인 등을 통해 말더듬치료에 대한 더욱 폭넓은 대화에 참여할 기회를 제공할 수 있습니다.
>
> (www.redefiningstammering.co.uk)

이 장에서 '말더듬 자긍심'에 근거한 언어치료사의 역할은 다음과 같다.

신경학적 다양성

말더듬 성인이 신경 다양성의 일부로서 말더듬을 이해하도록 돕기 위해서는 치료 과정에서 '다름'에 대한 탐구가 이루어져야 한다. Bond(2021)는 장애 모델을 시작점으로 사용한다.

치료의 중요한 부분은 장애의 다양한 모델을 탐구하고 논의하는 것이다. 초기에는 장애라는 단어가 그 사람에게 무엇을 의미하는지 탐구해 볼 수 있다. 이를 토대로 말더듬으로 인하여 겪는 구체적인 문제를 논의한다. 예를 들어, '비유창'이나 '말더듬'에 해당하는 다양한 유형의 말과 언어의 범위를 살펴보게 된다. 미디어 방송을 참조하여 상황을 그려 볼 수도 있고 방송에 말을 더듬는 방송인이 거의 출연하지 않는 현상 자체가 예시가 될 수 있다. 그런 다음 내담자는 자신이 본인의 말더듬을 어떻게 인식하고 있는지, 그러한 사고방식에 영향을 미치는 사회적 가치, 오명 및 편견 등을 생각해 본다.

우선 언어와 말하기에 대한 문화적 태도를 일반적인 용어로 살펴본 후에 개인의 경험을 다루는 것을 추천한다. 어린 시절의 기억, 말더듬이 시작될 때 가족들이 어떻게 반응했는지, 학교에서의 괴롭힘과 교사들의 태도, 고등 교육 과정, 취업 면접과 고용주의 반응 등을 이야기할 수 있다.

후천적으로 말더듬이 생긴 사람의 경우, 유창하게 말하던 시절의 경험과 그 유창함이 얼마나 중요한 가치를 가졌는지 되돌아보는 시간을 가질 수 있다. 현재의 상황과 대조하여 덜 유창해진 자신의 말에 대해 사회가 어떻게 보는지를 생각해 보는 의미를 갖는다(치료 후반부에서는 내담자가 이러한 문제에 대해 스스로 권한을 찾는 과정으로 다뤄질 수 있다).

Campbell(2019)(www.redefiningstammering.co.uk)은 Sheehan (1958)이 말더듬을 빙산에 비유했던 것을 인용하여 다음과 같이 설명하였다.

"말더듬은 외현적 특징(빙산 위)과 내현적 특징(빙산 아래)뿐만 아니라 바닷속에 있는 것까지 고려해야 한다. 이것이 내담자가 갖고 있는 자신의 말더듬에 대한 부정적인 감정의 기원을 이해할 수 있게 해 준다."

"빙산 자체는 이러한 부정적인 감정을 말더듬에 대한 사회적 억압의 맥락으로 보지 않는다. 그러나 이러한 맥락이 없으면, 말더듬 성인에게는 자신의 말더듬으로 인해 발생한 실패의 인식만 남는다. 사회적 모델 관점에서 우리는 초점을 말더듬에 대한 사회적 편견과 차별의 얼음 바다로 옮겨, 이 빙산이 말더듬을 가진 사람의 '잘못'이 아니라 사회적 억압과 자기 억압의 자연스러운 부산물임을 강조할 수 있다."

(Campbell, 2019b)

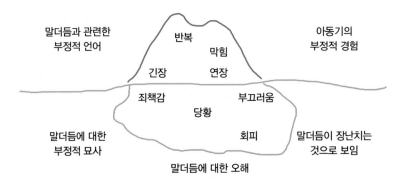

말더듬과 관련한
부정적 언어

반복

막힘

아동기의
부정적 경험

긴장　　연장

죄책감　　　　부끄러움
　　당황

말더듬에 대한
부정적 묘사

회피

말더듬이 장난치는
것으로 보임

말더듬에 대한 오해

[그림 8-1] 사회적 모델 관점에서 본 말더듬 빙산

개인 및 그룹치료 시 빙산([그림 8-1] 참조)을 활용하여 용어와 가치를 확인하는 활동을 진행하면 유용할 것이다('제4장 Point 40' 참조).

언어 사용에 대한 탐구

앞서 논의했듯이 말더듬에 대해 '극복하다.' '싸우다.' '장애를 겪다.'와 같은 용어를 광범위하게 사용하는 것은 말더듬에 대한 부정적인 태도와 인식을 가지도록 한다. 말더듬 성인이 사회적 태도와 자신의 말더듬 경험에 대해 이러한 언어 표현이 가지는 영향을 이해하는 것은 도움이 된다. 내담자는 잡지, 신문 및 인터넷에서 말더듬 '치료법'과 말을 더듬는 개인들의 이야기에 관한 기사를 읽음으로써 언어가 갖는 힘을 인식하는 데 도움을 받을 수 있다.

BSA/Stamma의 편집 지침을 살펴보면 다음과 같다.

- 부정적인 단어를 사용하지 않는다.
- 사람들은 말더듬 때문에 고통받거나 시달리는 것이 아니다. 그들은 그저 말더듬이 있는 것이다.

- 말더듬은 약점이나 결함이 아니다. 단지 말더듬일 뿐이다.
- 말더듬은 끔찍하거나 쇠약한 것이 아니다. 일부 사람들에게는 말더듬이 오래 지속될 수 있다.
- 사람들은 자신의 말더듬을 '극복'하지 않는다. 그들은 그것을 '관리'한다.
- 말더듬을 부정적인 의미로 사용하지 않는다. 이는 말더듬이 좋지 않은 것이며 사람들이 하지 말아야 할 것이라는 인식을 강화한다(British Stammering Association, accessed July 2021).

　BSA/Stamma의 캠페인 'Find the Right Words'('제8장 Point 75' 참조) 역시 부적절한 언어 사용을 바로잡는 데 활용할 수 있다. 말더듬 성인은 스스로 본인이 선호하는 언어 표현과 자신의 이야기를 나누어 볼 수 있다.

　언어치료사 Burgess(2021)는 다음과 같이 말했다.

　　나는 Stamma의 'Find the Right Words' 캠페인이 유용하다고 생각한다. 사람들이 말더듬에 대한 부정적인 언어를 인식하고 지적하도록 장려하기 위해 이 캠페인을 정기적으로 공유하고 있다. 사람들이 자신의 말더듬에 대해 긍정적이거나 자랑스럽게 느끼기 어려운 이유는 사회의 부정적인 시각을 내면화했기 때문이라는 점을 이해하고, 이러한 관점에 도전하도록 장려하고 있다.

(사적 대화, 2021)

말더듬을 소유하고 가치 부여하기
　나는 내담자에게 말더듬의 장점과 단점을 찾아보게 한다. 보통 단점은 쉽게 떠올리는 반면, 말더듬의 장점을 떠올려 보라고 하면 의

아해하거나 때로는 화를 내기도 한다. 말더듬 자긍심의 맥락에서 말더듬의 이점을 고려하는 것은 가치 있는 연습이다. 이 문제를 스스로 탐구해 본 사람들이 남긴 이야기를 읽는 것은 흥미로운 경험이 될 것이다. 또한 유연한 사고를 유도하기 좋은 출발점이 된다.

Rebecca Russell(2020)은 Stamma 웹사이트에 글을 작성했다.

> 요즘 세상은 사람들에게 자신의 결점을 숨기라고 조언한다. 그러나 나는 그럴 필요가 없다는 것을 증명할 수 있다. 나는 내 말더듬에 기쁨을 가지고 자부심을 가질 수 있다. 왜냐하면 나는 완벽함을 중시하는 사회 속에서 독특하게 빛나기 때문이다.
>
> [Accessed April 2021]

말더듬 웹사이트 블로그(www.redefiningstammering.co.uk)에서 Aston(2019)은 그의 말더듬을 재해석하고 나아가 말더듬을 '누리는' 것에 대해 이야기한다. 이 블로그에는 그가 말을 비유창하게 하는 동안 그 순간에 머물고자 하는 욕구를 표현한 그림이 삽입되어 있다. 덕분에 말더듬 성인이 자신의 말더듬을 탐구하고 긍정적으로 인식하는 데 그림이라는 또 다른 매체를 활용할 수 있다.

> 나는 내 말과 내 말더듬으로 인해 일시적으로 내 몸을 통제당하는 것에 대해 부끄러움을 느끼는 대신에 내 말더듬을 찾아내고 제대로 경험하고 상상해 보아야 했다. 이 책과 최근 Stamma의 성공적인 캠페인에서 반복적으로 강조하는 것은, 우리가 말더듬을 설명하는 데 사용하는 언어 표현이 중요하다는 것이다. 나는 차분하게 말더듬을 포착하고 그 순간을 거의 누리듯이 경험하는 것이 가능한지 궁금했다.
>
> (Aston, 2019)

말더듬 성인이 말더듬 자체를 하나의 '자아'로 생성해 보는 것도 비유창성에 자긍심을 갖는 흥미로운 연습이다. 말더듬이 없다면 놓치게 될 이 자아는 나에게 무엇을 주고 있는 것일까? Alpern(2019)은 말더듬이 언어에 대한 '특별한 통찰력'을 준다고 말한다.

> 말더듬 성인에게 구어의 의미는 유창한 화자는 접근할 수 없는 다른 차원의 세계다. '호기심, 통찰력, 사회적 연결의 장소'가 될 수 있다.
>
> (p. 19)

Constantino(2019)는 말더듬이 그에게 제공하는 '즐거움'과 '친밀감'에 대해 이야기하였다. 그는 동료와의 평범하고 일상적인 인사말조차 말더듬 덕분에 독특하게 변형시킬 수 있어서 기쁨을 느낀다고 말한다.

> 어쨌든 무언가 독특한 것이다. 동료는 나와 연결될 수밖에 없다. 아마도 우리는 단순한 인사를 넘어 의미 있는 대화를 나눌 수도 있다! 발표를 하거나 전화를 걸 때에도 상대방은 나의 말더듬을 예상하지 못할 가능성이 크다. 신기하게도 말더듬은 즉각적으로 대화의 성격을 변화시킨다. 새롭고, 호기심을 자극하며, 독특해진다.

그는 말더듬으로 인한 취약성과 친밀감 사이의 관계를 언급했다. Constantino는 이러한 상태가 사회적 상호작용을 더 깊고 친밀하게 만든다고 말한다.

> 만약 우리가 스스로 말더듬을 허용한다면, 다른 사람들도 우리를 대하는 가식을 벗고 우리와 함께할 수 있다. 모든 겉치레와 가식 없이 다른 사람들과

연결되어 가치 있고 의미 있는 대화를 나눌 가능성이 높아진다.

Mitchell(2016) 자신의 말더듬을 '공감 능력 생성기'라고 지칭하며 말더듬을 통해 많은 것을 배우고 품위를 갖추게 되었다고 언급하였다.

나는 말더듬을 통해 인간에 대한 지혜를 얻었고 그 부분이 자랑스럽다. 이 깨달음을 잃고 싶지 않다. 나는 다른 말더듬 성인에게 정이 간다. 역경 속에서 어떤 동질감과 연결고리를 느끼게 된다.

이러한 사례를 사용하면 말더듬 성인이 개인적 특성을 형성하도록 말더듬이 더해 주는 특별한 가치를 탐색해 보는 데 도움이 된다.

나만의 말더듬 방식 찾기

말더듬이 발생하면 더 이상 말을 더듬지 않기 위해 투쟁을 하게 된다.

한편, 언어치료 시간에 말더듬에 대해 투쟁할 요소를 제거하거나 줄이는 시도를 해 볼 수 있다. Bailey(2019)는 자신의 비유창성에서 투쟁 부분을 버리는 경험과 그 과정이 얼마나 자유롭고 해방적이었는지 언급하였다.

내가 하는 행동을 투쟁이라고 이름 붙이자 변화는 자연스럽게 일어났다. 나의 행동을 더욱 명확하게 자각하게 되었고, 투쟁 중에 마음을 가다듬고 내 비유창성을 드러낼 수 있었다.

(p. 31)

Constantino(2021)는 이러한 투쟁을 하지 않는 상태를 '자발성'이라는 용어로 설명했다. 그러면서 이는 '더 유창하게 말하기'와 '더 쉽게 말더듬기' 접근 방식 모두에서 빠져 있는 요소라고 지적했다.

> 나는 이러한 말하기의 특성을 자발성이라고 부르게 되었다. 이것에는 세 가지 특징이 있다. ① 사전 계획이 거의 없고, ② 노력 없이 자연스럽게 생산되며, ③ 즐겁고 의미 있는 말하기이다.
>
> 자발적인 비유창성은 비유창성이 높지만 노력이 적은 말하기를 의미하며, 이는 누군가가 쉽게 말더듬을 허용하고 공개적으로 말하는 모습을 상상하면 된다.

Constantino는 자발성이 유창성보다 화자의 삶의 질에 더 큰 영향을 미친다고 주장한다.

내담자가 투쟁을 줄이고 자발성을 증가시키는 데 도움을 주고자 하는 언어치료사는 여러 가지 유창성 수정 기법을 사용할 수 있다. 투쟁 요소를 살펴보기 위해 확인 과정을 거친 후, 말더듬 성인은 우선적으로 집중할 영역에 대한 자신만의 생각을 가지게 될 것이다. 언어치료사는 추가적인 옵션을 제안할 수 있다. 예를 들어, '제5장 Point 47'에서 논의된 모든 지원 메커니즘과 필수 기술, 그리고 '제5장 Point 48~51'에서 논의된 일반적인 중재(열린 태도, 둔감화, 의도적 말더듬, 회피 감소)도 중요하다. 또한 '제7장 Point 62, 65'에서 논의된 것처럼, 말더듬 성인이 말을 자꾸 수정하거나 되돌리지 않고 발화를 계속 앞으로 나아가게 돕는 특정 기술(예: 변형하기, 중단하기, 반복하기 등으로 발화 지연을 관리하기)을 사용할 수 있다. 목표는 말더듬 없는 말을 촉진하는 것이 아니라 투쟁 없는 말더듬을 촉진하는 것이다.

분명한 자기표현(Assertiveness)

말더듬 성인이 치료에서 전제 조건으로 자기표현의 측면을 탐구할 필요성이 있다는 것은 '제5장 Point 47'에서 논의되었다. 치료 초기에는 화자가 의사소통에서 선택하는 방식을 탐구하는 것이 목표였다. 예를 들어, 말더듬에 대한 두려움으로 인해 그가 말을 하지 않기로 선택할 것인지, 아니면 유창성의 수준과 관계없이 말할 권리를 주장할 것인지 알아보는 것이다.

이 말더듬 자긍심 중재 모델에서는 말하는 사람으로서의 발언권과 말더듬이 받아들여질 권리에 대해 좀 더 자세히 조사할 기회를 마련한다.

말더듬 성인의 발언권을 확인할 한 가지 방법은 권리장전(Bill of Rights)을 사용하는 것이다. 이는 자기표현 훈련에서 자주 사용되는 도구인데 말더듬에 적용할 수 있도록 변경이 가능하다. 예를 들어, 말더듬 성인에게 적합하도록 변경된 권리장전은 다음과 같다 (Adapted from: wwwwinona.edu/resilience/Media/Assertive-Bill-of-Rights-Worksheet.pdf, accessed April 2021).

권리장전

확언: 말을 더듬는 것은 괜찮다. 다음을 포함하여 나는 나의 방식으로 말할 권리가 있다.

- 내 감정과 의견을 적절히 표현하고 다른 사람들이 이를 진지하게 받아들일 것을 요구할 권리
- 내가 원하는 것을 요구할 권리
- 사람 간의 관계에 상관없이 다른 사람들과 나의 의견이 다를 권리
- 말할 시간을 가질 권리

- 죄책감을 느끼지 않고 '아니오'라고 말할 권리
- '모르겠다'고 말할 권리
- 존중받고 당연하게 여겨지지 않을 권리
- 모든 감정(분노 포함)을 느끼고 적절하게 표현할 권리
- 내 말에 대한 이유나 변명을 제공하지 않을 권리
- 질문할 시간과 공간을 제공받을 권리
- 나의 발화를 포함하여 나만의 우선순위를 설정할 권리
- 실수를 할 권리
- 마음을 바꿀 권리
- 내 자신의 결정을 내리고 그 결과를 책임질 권리
- 나 자신, 내 말, 내 삶에 대해 긍정적으로 느낄 권리
- 죄책감 없이 이 모든 권리를 행사할 권리

각각의 문장을 말더듬 성인과 함께 논의하고 그 의미를 생각해 볼 수 있다. 예를 들어, 권리장전의 두 번째 항목은 '내가 원하는 것을 요구할 권리'이다. 말더듬 성인은 카페나 음식점에서 특정 메뉴를 주문할 때 비유창성을 경험할 때가 가장 많으며, 이러한 경험 때문에 좋아하는 샌드위치나 음료를 주문하기 어려워진다. 권리장전이 그가 원하는 것을 요구할 권리를 보장한다는 점에서, 그는 이것이 실제로 무엇을 의미하는지 자세히 이야기 나눠 볼 수 있다. 구체적으로는 말할 시간을 충분히 갖고 존중받으며, 조롱이나 비웃음 없이 말할 시간을 주고, 들을 시간을 받을 수 있으며, 다른 고객과 동일한 방식으로 서비스를 받을 수 있다. 이 외에도 나머지 열여섯 가지 진술을 템플릿으로 삼아서 개별적으로 본인에게 적합한 개인적인 권리장전을 작성해 볼 수 있다. 마찬가지로 직접 작성한 확언이 갖는 함의에 대해서도 탐구해 볼 수 있다.

또 다른 옵션은 자기주장에 관한 장애인 권리 요약서(Disability

Rights fact sheet on self-advocacy)나 Disabilityrightsuk.org(Disability Rights UK Factsheet F77)를 사용하는 것이다. 이 자료는 내담자와 문제를 탐구할 때에도 활용할 수 있다.

공개

'제8장 Point 75'에서 논의한 바와 같이, 말더듬을 공개하는 목적은 "말더듬을 소유하고, 말더듬할 권리를 선언하며, 세상이 말더듬을 단지 다양한 말하기 방식 중 하나로 받아들이도록 독려하는 것이다."

연구에 따르면, 다른 사람에게 말더듬을 공개하는 것은 스스로 강인해지며 발언자에 대한 고정관념적인 시각에 도전한다고 한다 (Byrd, McGill et al., 2017).

치료 맥락에서 해결해야 할 문제는 다음과 같다.

- 무엇을 공개할 것인가.
- 언제 공개할 것인가.
- 누구에게 공개할 것인가.
- 어떻게 공개할 것인가.

첫째, 무엇을 공개할 것인가. 말더듬 성인은 그의 말더듬을 자랑스럽게 소유하고 선언한다. 둔감화 부분에서 언급했던 예제와는 달리, 청자를 편안하게 하거나 화자의 비유창성에 대한 부정적인 감정을 줄이는 것이 목표가 아니다. 여기에서는 듣는 사람도 말더듬이 개인의 독특한 말하기 방식 자체라는 것을 받아들일 수 있도록 한다.

McGill 등(2018)은 말더듬을 공개할 때 말더듬 성인이 사용하는 표현을 탐구했다. 결과는 대부분이 직접적이고 교육적인 요소를 포함하고 있었다. '나는 가끔 말을 더듬거나 말이 막혀서 소리가 안 나올 때가 있어. 이런 현상이 소리로 들릴 때도 있고, 내가 단어를 힘들게 내뱉으려고 하는 모습으로 보일 때도 있어.'와 같은 표현이다.

같은 연구에서 저자들은 언어치료사가 내담자와 협력하여 말더듬을 공개하는 문단을 어떻게 작성하는지 살펴보았다. 언어치료사들은 브레인스토밍 접근법을 자주 사용하였으며, 이 과정은 결과적으로 말더듬 성인에게 긍정적인 강화를 주는 것으로 나타났다.

치료 과정에서 말더듬 성인이 타인에게 말더듬을 언급하여 소개를 할 것인지 아니면 설명 없이 존재하도록 허용해야 하는지에 결정할 수 있다. 만약 이를 언급하기로 결정했다면, 몇 가지 옵션을 포함한 표현 형식을 정해야 한다. 예를 들어, "방금 제가 말하는 동안 잠깐 막혔는데, 제가 말더듬이 있습니다." 또는 "저는 말더듬이 있어서 간혹 단어를 반복하거나 막힐 때가 있습니다."와 같은 문장을 준비할 수 있다. 얼마나 자세하게 세부 사항을 언급할지는 상황에 따라 다르겠지만, 말더듬이 무엇인지와 개인적인 세부 사항(예: "나는 신경학적인 원인으로 어렸을 때부터 이런 식으로 말을 합니다.")을 설명할지 고려할 수 있다. 다른 대안으로는 "제 말더듬은 불안이나 긴장과 관련이 없습니다."와 같은 발언으로 오해와 고정관념에 대해 직접 대응하고 대화 상대에게 알릴 수 있다. 또한 대화 상대자가 어떻게 반응하고 대응해야 하는지에 대해 언급할 수도 있다. 예를 들어, "그러니 제가 직접 말을 마칠 수 있게 기다려 주시고 제 문장을 대신 완성하지 말아 주세요."라고 요청하는 것이다.

말더듬에 대해 사과하는 것은 피해야 하며, 치료사는 이것이 왜 도움이 되지 않는지에 대해 내담자와 대화할 수 있다. Healey 등(2007)은 스스로 사과를 하는 것이 청자가 화자를 어떻게 인식하게 하는지에 관한 영향을 연구하였다. 따라서 이 분야에 대해 대화를 진행할 때 토론 자료로 활용해 볼 수 있다.

어떤 사람들은 특정 상황에서 자신의 말더듬을 가볍게 여기는 것이 괜찮다고 느끼며, 이때의 유머러스한 발언의 함의와 결과를 탐구하는 것도 유용하다.

어떤 결정을 내리든 간에 말더듬을 공개하는 데 사용되는 표현은 말더듬 성인이 직접 고안해야 하며 치료사가 강요해서는 안 된다. 내담자 본인의 공개이지 치료사가 간접적으로 전하는 발표 대본이 아니다.

언제 공개할 것인가

이 주제를 다룬 몇몇 연구 논문은 대화나 인터뷰 상황의 시작에서 스스로 말더듬에 대해 공개를 했을 때 어떤 효과가 있었는지 보여 준다(Byrd, McGill et al., 2017). 또한 말더듬 성인이 스스로 공개하는 행위가 자신의 말더듬 자긍심을 높이는 데 도움이 되거나 필요하다고 생각하는지 고려해야 한다.

누구에게 공개할 것인가

친분이 없는 사람들 혹은 그가 말더듬이 있다는 것을 모르는 사람들에게 말더듬을 스스로 공개했을 때 긍정적인 영향을 미치는 것으로 보인다. 결과적으로 스스로 말더듬을 공개하여 다른 사람들이 그를 더 친근하고 외향적이며 자신감 있는 사람으로 인식하게끔 긍정적인 영향을 미칠 수 있다(Byrd, McGill et al., 2017).

어떻게 공개할 것인가

마지막으로, 치료사는 말더듬 성인이 스스로 말더듬을 공개함에 있어 최대한의 이점을 얻도록 비언어적인 표현 전략을 제시할 수 있다. 자신감 있고 단호한 인물을 묘사하는 아이디어를 실험해 보고,

역할극을 해 볼 수도 있다. 만약 공개하는 순간에 평소보다 더 유창하게 말이 나오는 상황이라면 자발적으로 말더듬/가짜 말더듬을 보여 줄지에 대해 미리 의논할 수 있다.

자기능력 강화

말더듬 성인이 '자신 있게 말더듬기'에 대한 표현 능력이 강화되면, 치료사는 그가 일상적으로 대화하는 환경에서 더 확장하여 말더듬에 대해 이야기할 수 있는 새로운 기회를 제안할 수 있다. 가족, 친구 및 사회적 그룹 주변의 몇몇 사람들에게 스스로 공개하고 표현했다면, 다음으로 직장이나 교육 기관에서 이야기하거나 Toastmasters와 같은 공식 연설 그룹 및 지역 사회 그룹을 대상으로 하는 연설과 같이 더 큰 영향력을 가진 그룹에서도 이야기해 보는 선택을 제안하는 것이다.

내담자가 말더듬 공개의 날, 국제 말더듬 인식의 날(매년 10월 22일), 온라인 블로그, 회의 및 BSA가 조직한 공공 인식 캠페인 등에 참여하여 인식 개선에 기여할 수 있는 가능성을 안내하는 것이다. 참고로 BSA/Stamma에서는 모든 연령대의 수기를 공모하여 웹사이트에 게시한다.

가끔 텔레비전과 라디오 방송국은 말더듬에 관한 이야기를 방영하는 데 관심을 보인다. 언어치료 부서에서 근무를 하다 보면 종종 말더듬을 주제로 하는 콘텐츠에 '전문가'로서 참여해 달라는 연락을 받게 된다. 나와 동료들은 이러한 방송에 여러 번 출연하였는데(비록 마지못해서 응한 것이긴 하다), 시간이 지나고 보니 우리가 말더듬 성인의 목소리를 대변하는 것이 과연 적절한지에 대해 심사숙고하게 되었다. 우리 언어치료사보다는 말더듬 커뮤니티가 스스로를 대표하고 다양한 플랫폼에서 그들의 비유창성을 널리 표현하는 것이 더 바람직하다는 생각이 든다. 언어치료사가 한발 물러서거나 더 나아가 말더듬 성인을 앞장서도록 하는 것이 말더듬 성인 스스로 자기능력을 강화하도록 촉진할 뿐만 아니라 권한 부여를 촉진하는 데 도움이 될 수 있다.

이 의견에 동의하는 다른 언어치료사는 다음과 같이 말했다.

> 나는 또한 사회가 비유창한 발화를 더 많이 들을수록 유창성의 차이를 거슬리게 듣는 것에 대해 둔감해질 것이라고 생각했다. 그래서 나는 사람들이 언론이나 교육 환경과 같은 가능한 한 많은 공개적인 상황에서 발언하도록 격려했다. 내 목표는 말더듬 네트워크와 같이 이미 말더듬에 특화된 환경뿐만 아니라 일반적인 공장 및 다른 직장과 같이 일반적인 다양한 환경에서도 비유창한 발화를 자연스럽게 받아들이는 것이다.
>
> (Hansley, 2021)

언어치료사나 말더듬 성인을 지원하려는 사람은 과연 어떤 방법으로 말더듬 성인을 도울 수 있을지 고민이 된다. National Stuttering Association(NSA)에서 제작한 '말을 더듬는 사람에게 동반자가 된다는 것은 무엇을 의미하는가?'라는 제목의 포스터를 참고하면 유용하다(https://westutter.org/wp-content/uploads/2016/11/Allies.pdf, accessed July 14th, 2021).

이 포스터는 세 가지 조언 부분을 포함하고 있다.

- 말더듬에 대해 관심을 보이고 개방형 질문하기
- 말더듬 성인 각자 본인의 말더듬에 대해 갖고 있는 독특한 선호도와 관점을 가지고 있다는 점을 존중하기
- 말더듬에 대응하는 방법을 모델로 보여 주는 예시

심리적 강화

언어치료사는 다른 형태의 도움과 지원을 통해 '자신 있게 말더듬기'라는 삶의 방식을 더욱 발전시킬 수 있다. 이는 다양한 심리적 과정을 양성하고 강화하며 새로운 에너지를 주는 방식에 중점을 둔다. 이러한 아이디어는 다음 장인 심리학적 접근에서 다룰 것이다. 이 방법은 비교적 새로운 접근 방식이며 언어치료사들이 수행할 수 있는 역할에 대해 탐구하고 있다. Bond(2019)의 흥미로운 논문 「Speech and Language Therapy and the Social Model: Out at Sea and Lost?」에서는 연구자가 이 접근 방식을 자신이 진행하는 언어치료 회기에 적용하면서 겪은 다양한 어려움과 동시에 자신감 상승에 대해 설명한다. 이러한 경험은 비슷한 고민을 하는 다른 사람들에게 격려가 될 수 있다.

📚 참고문헌

Alpern, E. (2019). Why stutter more? In P. Campbell, C. Constantino & S. Simpson (eds.), *Stammering: Pride & Prejudice*. Guilford: J & R Press.

Aston, P. (2019). A sea change. www.redefiningstammering.co.uk [Accessed April 2021].

Bailey, K. (2019). Scary canary: Difference, vulnerability and letting go of struggle. In P. Campbell, C. Constantino & S. Simpson (eds.), *Stammering: Pride & Prejudice*. Guilford: J & R Press.

Bond, K. (2019). Speech and language therapy and the social model: Out at sea and lost? www.redefiningstammering.co.uk [Accessed April 2021].

Bond, K. (2021). *Personal Communication*.

Breitenfeldt, D. H. & Lorenz, D. R. (1999). *Successful Stuttering*

Management Program (SSMP): For Adolescent and Adult Stutterers, 2nd edition. Cheney, WA: Eastern Washington University Press.

British Stammering Association. Editorial guidelines. https:// stamma. org/sites/default/files/2021-03/Editorial%20guidelines%20for%20 talking%20about%20stammering.pdf [Accessed July 2021].

Burgess, S. (2021). *Personal Communication.*

Byrd, C. T., Croft, R., Gkalitsiou, Z. & Hampton, E. (2017). Clinical utility of self-disclosure for adults who stutter: Apologetic versus informative statements. *Journal of Fluency Disorders, 54,* 1-13.

Byrd, C. T., McGill, M., Gkalitsiou, Z. & Cappellini, C. (2017). The effects of self-disclosure on male and female perceptions of individuals who stutter. *American Journal of Speech-Language Pathology, 26,* 1, 69-80.

Campbell, P. (2018). Fresh eyes on a well worn path: Re-visiting stammering therapy with the social model and stammering pride. Blog on RedefiningStammering.co.uk [Accessed March 2021].

Campbell, P. (2019a). The origins of stammering pride & prejudice. Stamma website (*British Stammering Association) website* [Accessed 2021].

Campbell, P. (2019). Re-imagining adult stammering therapy. www. redefiningstammering.co.uk [Accessed April 2021].

Claypole, J. (2021). *Words Fail Us: In Defence of Disfluency.* London: Profile Books Ltd.

Cole, P. (2020). We need to adjust the language and reactions to stammering. *Stamma website. British Stammering Association* [Accessed April 2021].

Constantino, C. (2019). Stuttering naked. In P. Campbell, C. Constantino & S. Simpson (eds.), *Stammering: Pride & Prejudice.* Guilford: J & R Press.

Constantino, C. (2021). Spontaneous stuttering. Blog on www.

redefiningstammering.co.uk [Accessed March 2021].

Hansley, E. C. (2021). *Personal Communication.*

Healey, E. C., Gabel, R. M., Daniels, D. E. & Kawai, N. (2007). The effects of self-disclosure and non self-disclosure of stuttering on listeners' perceptions of a person who stutters. *Journal of Fluency Disorders, 32,* 51-69.

Hunt, P. (1966). *Stigma: The Experience of Disability.* London: Geoffrey Chapman.

Johnson, J. K. (2008). The visualization of the twisted tongue: Portrays of stuttering in film, television and comic books. *Journal of Popular Culture, 45,* 245-261.

Lee, K. & Manning, W. (2010). Listener responses according to stuttering self-acknowledgment and modification. *Journal of Fluency Disorders, 35,* 110-122.

Lincoln, M. & Bricker-Katz, G. (2008). Self-disclosure of stuttering at the beginning of interactions may improve listeners' perceptions of people who stutter. *Evidence Based Communication Assessment and Intervention, 2,* 87-89.

McGill, M., Siegel, J., Nguyen, D. & Rodriguez, S. (2018). Self-report of self-disclosure statements for stuttering. *Journal of Fluency Disorders, 58,* 22-34.

Mitchell, D. (2016). *Thirteen Ways of Looking at a Stammer.* Germany: Stotteren & Selbsthilfe Landesverband Ost e. V.

Oliver, M. (1990). *The Politics of Disablement.* London: Macmillan Publishers Ltd.

Pierre, J. (2019). An introduction to stuttering and disability theory: Misfits in meaning. In P. Cambell, C. Constantino & S. Simpson (eds.), *Stammering Pride & Prejudice.* Guilford: J & R Press.

Russell, R. (2020). Am I really proud to stammer? *Stamma Website British Stammering Association* [Accessed April 2021].

Sheehan, J. G. (1958). Conflict theory and avoidance reduction therapy. In J. Eisenson & O. Bloodstein (eds.), *Stuttering: A Symposium*. New York: Harper.

Simpson, S., Cambell, P. & Constantino, C. (2021). *Stammering: Difference not Defect*. Oxford: Oxford Dysfluency Conference Presentation.

Stewart, T. (1995). Efficacy of speech and language therapy for fluency disorders: Adults who stammer. *International Journal of Language and Communication, 30*(S1), 478-483.

St Pierre, J. (2015). Dis-counting speech: Why are we still measuring stuttering? www.didistutter.org [Accessed 2 August 2021].

심리학적 접근

77 심리학적 접근이 말더듬 관리에 미치는 역할

말더듬은 심리적 장애로 간주되어서는 안 된다. 말더듬의 유전적, 신경학적 원인에 대한 근거가 상당히 많이 밝혀져 있다. 오히려 말더듬이 원인이 되어 청소년기와 성인기에 심리적 문제의 발달로 이어지는 경우가 많다. 이와 같은 부차적인 특징들은 다양한 심리학적 접근법으로 도움을 받을 수 있다.

78 말더듬 청소년과 성인이 겪는 심리적 문제는 어떤 것인가

말더듬이 감정적 및 정신적 건강에 영향을 미친다는 연구 결과가 많이 존재한다. 몇몇 논문에서는 불안에 초점을 맞추어 연구 데이터를 검토했다(Bloodstein & Bernstein Ratner, 2008; Craig & Tran, 2006; Menzies et al., 1999).

또한 말더듬이 삶의 질(QOL)에 미치는 영향을 조사한 연구도 있다. Klompas와 Ross(2004)는 정서적 안정감과 자존감에 말더듬이 부정적인 영향을 미친다고 하였다. Klompas, Ross, Craig 등(2009)의 연구에서는 말더듬 성인이 말을 더듬지 않는 성인에 비해 삶의 질 점수가 낮은 현상이 일관적으로 나타났다.

- 활력 측면: 피로감 증가 위험(불안과 기분 나쁨과 연관된 상태)
- 사회적 기능 측면: 사회적 상호작용 능력에 부정적인 영향
- 정서적 역할 기능
- 정신 건강

말더듬의 빈도와 관련하여 Andrade 등(2008)은 경미한 말더듬이나 심한 말더듬 모두 삶의 질에 부정적인 영향을 미친다고 보고했다. 한편, Koedoot 등(2011)은 중증의 심한 말더듬이 전반적인 삶의 질에 부정적인 영향을 미친다고 보고했다.

또 다른 연구에서는 말더듬을 가지고 사는 것이 어떠한 심리적 영향을 미치는지 조사했다. Corcoran과 Stewart(1998)는 질적 연구를 통해 말더듬 성인 14명의 경험을 흥미롭게 연구하였다. 그들 경험의 주요 주제는 고통이었으며, 이는 무력감, 수치심, 두려움 및 회피감으로 이어진다는 것을 발견했다. 이러한 발견은 Crichton-Smith(2002)의 연구에서도 관찰되었다. 이 연구에서는 말더듬 경험의 주요 요소로 고통, 무력감, 수치심 및 낙인을 발견했고, 이러한 심리적 특징은 저마다 삶의 각자 다른 단계에서 다양한 정도로 발생했다.

79 무엇을 해야 할까

1950년대부터 연구자들은 말더듬과 관련된 문제에 대한 심리학적 접근에 관해 논의해 왔다(Williams, 1957). 이후 Van Riper(1973)의 말더듬치료 접근법은 내담자의 불안, 두려움, 좌절감 및 수치심에 대한 인식과 관심을 반영하게 되었다.

실제로 말더듬 징후와 함께 심리학적 문제가 발생한다는 충분한 증거가 있음에도 불구하고, 일부 언어치료사는 내담자와 이 문제를 다루는 것을 꺼리는 것 같다. 이는 아마도 언어치료사가 심리적 문제를 다루기에 준비가 부족하다고 느끼거나 그 영역은 다른 전문가의 책임이라고 믿기 때문일 것이다.

"많은 치료사가 말더듬 성인의 이면에 감추어진 이러한 측면을 다루는 것을 꺼리거나 말더듬의 복잡한 문제와 관련된 태도를 다루는 것을 부담스러워한다. 이러한 부담이나 불편함은 말더듬 성인 상담에 있어서 전반적으로 자신감이 부족하기 때문일 수 있다. (중략) 게다가, 상당수의 치료사들이 카운셀링에 대한 공식적인 교육을 거의 받지 않았거나 전혀 받지 않았기 때문에 말더듬을 대하는 태도 측면의 문제를 다루는 데 준비가 부족하다고 느낀다(Watson, 1995, p. 144)."

그러나 불편함을 느끼는 초임 언어치료사도 성인 말더듬 환자와 함께 효과적으로 수행할 수 있는 접근법이 있으며, 그것이 말더듬의 전반적인 관리 방법론의 중요한 부분이 되어야 한다. 청소년과 성인을 대상으로 한 Blood의 The POWER game(1995)에서는 회복 탄력성(resilience)을 개발하기 위해 문제 해결, 협상, 자존감, 통제, 사회적 지원 및 책임감 등 다양한 영역을 포함한다. Cooper와 Cooper(1995) 및 Daly 등(1995)의 몇몇 연구자들은 다른 말더듬 수정 접근법과 더불어 태도 및 인식에 대한 작업이 필요하다고 강조한다. Everard(2019)는 이렇게 말했다.

> 우리는 말더듬이 태도, 생각, 감정 및 행동의 복잡한 상호작용의 결과이며, 말더듬을 회피하는 것이 오히려 발화를 비유창하게 한다고 믿는다. 따라서 치료에서는 말더듬 자체뿐만 아니라 감정적, 태도적 및 회피 측면도 다루는 것이 필수적이다.
>
> (p. 16)

특정한 심리학적 중재에는 추가적인 교육 및 자격증이 필요할 수 있으며, 해당 교육 기관에서 이러한 자격증을 취득할 수 있다. 이러한 자격을 취득하는 것은 언어치료사로서 중요한 자원이 될 것이다. 이제부터는 우리가 고려해 볼 만한 몇 가지 심리학적 개입 유형을 알아보자.

80 마음챙김

마음챙김(MINDFULNESS)에 대한 몇 가지 오해가 있다. 명확히 하자면, 마음챙김은 단순히 휴식을 하는 것이 아니다. 또한 생각을 비우는 것과도 무관하다. 마음챙김을 실천하는 것은 다음과 같이 표현할 수 있다.

> 특정한 방식으로 주의를 기울이는 것이다. 의도적으로, 지금 이 순간에, 비판단적으로.
>
> (Kabat-Zinn, 1994, p. 4)

수정하거나 문제를 해결하는 것이 아니라 수용과 개방적인 내면의 자세를 취하는 반직관적인 접근으로서 근본적인 무행위(radical non-doing)이다.

(Kabat-Zinn, 2005)

Boyle(2011)은 Baer 등(2004)을 인용하여 다음과 같이 말했다.

> 마음챙김을 적용할 수 있다는 것을 미리 알았으면 좋겠다. 마음챙김은 유사과학(pseudoscience)이 아니다.
> – Jon-Øivind Finbraten
> (사적 대화 중에서, 2021)

"마음챙김은 내적 및 외적 경험을 관찰하는 것(예: 기분이 변하기 시작할 때 알아차리기), 주의 깊게 행동하기(예: 활동을 수행할 때 마음이 방황하고 산만해지는 것을 알아차리기), 그리고 내적 및 외적 현상의 수용(예: 부정적인 감정을 느끼는 것에 대해 자신을 비판하지 않기)을 포함하는 다면적인 개념이다."

(p. 123)

Boyle는 다음과 같은 간단한 명상과 일상생활에서의 실천을 통해 마음챙김을 실천할 수 있다고 설명한다.

• 호흡에 주의를 집중하기
• 생각, 감정 및 신체 감각을 스스로 인식하는 '개방적 모니터링'

Cheasman(2021)에 따르면 마음챙김은 훈련 가능한 기술이다. 저자는 말더듬 성인을 위한 8주간의 마음챙김 기반 인지 치료 프로그램(2013)을 소개하였다. 마음챙김 기반 접근법의 목표는 다음과 같다.

• 통찰력과 인식의 개발

- 자동적으로 반응하기보다는 마음챙김으로 대응함으로써 선택
  지 늘리기
- 수용 강화
- 스스로에 대한 인내심 및 동정심 증진
- 평온함을 경험할 가능성 증진

이러한 목표들을 달성하기 위해서는 다음과 같이 실천해야 한다.

- 인식력이 향상되어 자동적으로 반응하는 대신 대응할 수 있는
  여러 선택지 중에 결정하도록 유도한다.
- 해결하기보다 수용하는 방식으로 변화를 유도한다.
- 어려운 경험에 대해 긍정적인 태도를 취한다. 악순환을 유발하
  는 부정적인 생각, 감정, 행동 등 어려움에 대해 열린 태도로 대
  처한다.
- 관습화된 부정적인 사고 과정에서 벗어난다.

여러 저자가 마음챙김이 말더듬 성인에게 어떻게 도움이 될 수 있
는지 자세히 설명했다. Boyle(2011)은 심리사회적 및 감각−운동적
측면에서 일상적으로 회피할 수 있는 내적 및 외적 경험에 적극적으
로 노출되는 것은 정서 조절을 개선하고, 현재 순간에 대한 집중력
이 향상되며, 말더듬을 수용하고 생각의 힘에 대해 더 깊은 이해를
할 수 있다고 하였다. Fairburn 등(2009)은 두려움과 불안이 감소하
고, 말하기에 대한 긍정적 태도가 증가하며, 통제의 초점 및 문제 중
심의 대처 행동이 증가했다고 보고하였다. Brocklehurst는 자신이
직접 마음챙김을 수행한 후 말더듬 행동과 청자의 반응 확인, 도움
이 되지 않는 말더듬에 관련한 가치 판단의 감소, 2차 증상(예: 회피

및 '탈출' 행동) 감소 및 자존감의 증진 효과를 보고하였다.

말더듬 성인과 마음챙김을 수행할 때, 치료사는 Cheasman(2013)의 프로그램과 같이 프로그램 전체 절차를 사용할 수 있다. 또는 회기 시작 시 바닥에 발을 두거나 의자에 몸을 기대는 활동 등 일부 기법을 차용하여 내담자를 안정시킬 수 있다. 또는 치료 회기 중간에 강력한 감정이 일어난 경우나 회기를 마치면서 마음챙김 활동을 사용하여 감정적 자극을 조절한다. 이런 방법을 통해 치료적 도움에서 더 발전하여 치료사의 지시 없이 본인이 스스로 적용하도록 한다.

이 작업에 익숙하지 않은 언어치료사를 위한 여러 가지 마음챙김 연습 스크립트가 다음 웹사이트에서 제공된다(www.mindfulhealth.co.uk, www.bangor.ac.uk, www.umassmed.edu/cfm).

말더듬 성인과 언어치료를 진행할 때 권장되는 활동은 다음과 같다.

주의집중하기

'건포도 연습'을 통해 마음챙김을 도입한다. 전체 설명과 스크립트는 Cheasman(2021)에서 찾을 수 있다.

몸 살피기

이 연습에서는 본인의 신체 부위에 순서대로 감각을 집중한다. 몇 초간 집중하여 해당 부위의 모든 감각을 탐구한 후 다음 부위로 이동한다. 전체 설명은 Cheasman(2021)에서 찾을 수 있다.

> 몸 살피기 훈련은 말더듬 성인에게 유용할 수 있다. 왜냐하면 이 훈련은 말하기 및 말더듬과 관련된 생각, 감정과 관련된 긴장을 잘 인식하게끔 만들기 때문이다. 신체 감각에 대한 인식이 증가하면 말 산출에 사용되는 근육을 셀

프 모니터링할 수 있으며, 이는 더 쉽게 말을 산출하는 데 도움이 된다.

(Boyle, 2011, p. 126)

호흡 명상

Segal 등(2002)은 '세 단계 호흡 간격(Three-step breathing space)'이라는 기초 연습과 '반응하는 호흡 간격(Responding breathing space)'이라는 연습을 소개한다. 이 연습을 통해 자신의 생각, 감정 및 신체 감각을 인식함으로써 현재와 다시 연결할 수 있게 한다. 연습에 대한 자세한 설명과 오디오 파일 링크는 Cheasman(2021)에서 찾을 수 있다.

자신의 생각과의 관계를 변화하기

생각이라는 것은 사람에게 큰 영향을 미친다. 자신의 생각과의 관계를 변화시키면 '생각'이 반드시 '진실'은 아니라는 것을 깨닫고 말더듬 성인이 더 많은 통제권을 가질 수 있게 된다. Segal 등(2002)은 다음을 권장한다.

- 생각이 오고 가는 것을 따라가지 않고 지켜보기
- 생각을 '행동해야 할 사건'이 아니라 일련의 '정신적 사건'으로 보기
- 생각을 적어 내려감으로써 생각과 감정 사이에 거리를 두기
- 생각의 기원과 현재 상황과의 관련성 살펴보기

호흡 간격 조절

말더듬 성인의 치료가 한창 진행 중인 단계에서 Segal 등(2002)은 내담자가 호흡 간격을 적용하는 마음챙김 접근법을 제안한다. 이렇

게 자신의 행동을 일시 중단함으로써 내담자는 결정을 내리는 데 필요한 인식을 증가시킬 수 있다. 그런 다음 차분하게 상황에 대한 최선의 대처 방안을 고려한다.

퇴행 요소 파악하기

마지막으로, Segal 등(2002)은 치료 성과를 유지하기 어려운 단계에 적용할 수 있는 마음챙김 접근법을 소개한다. 그들은 내담자가 유지 및 퇴행 단계에 대비할 수 있도록('제10장' 참조) 일정을 제공한다. 이때 퇴행과 관련된 요소를 파악하고 퇴행을 잘 인식할 수 있도록 개인의 능력을 향상시킨다. 또한 주변 사람들로부터 퇴행을 조기에 발견하는 데 도움을 받는 것을 포함한다. 이러한 상황을 관리하기 위한 3단계 계획은 다음과 같다.

- 3분간 호흡 간격을 유지하기
- 과거 경험에 기초한 선택을 통해 자신을 안정시키기
- 상황을 다룰 수 있는 능력을 촉진하는 조치나 활동을 실행하기

⑧1 수용전념치료

수용의 정의

수용전념치료(ACCEPTANCE AND COMMITMENT THERAPY: ACT)에서 '수용'이란 개념은 Harris(2009)의 정의를 따른다.

수용이란 우리의 생각과 감정이 즐겁든 고통스럽든 상관없이 그대로 두고, 그것들을 위한 공간을 마련하는 것이다. 그것들과의 투쟁을 그만두고 자

연스럽게 오가도록 허용하는 것을 의미한다.

(p. 134)

여기에서 중요한 것은 말더듬에 긴장, 회피 및 노력행동으로 맞서 싸우는 대신 이러한 어려움을 완전히 포용하는 것이다. 이것은 마음의 정서들을 수용하고 그것들을 좀 더 친밀하게 대하는 것을 의미한다. 이것을 통해, 말더듬 성인은 어려운 상황에서 스트레스와 불안을 줄일 수 있으며, 불필요한 행동을 줄일 수 있다(Plexico et al., 2009).

> '수용'은 자신과 타인에게 어려움이 존재함을 인정하고, 그 문제가 개인의 정체성을 정의하지 않으며, 변화 과정에서 적극적인 역할을 할 수 있음을 인식하는 것을 의미한다.
>
> (Plexico et al., 2009, p. 121)

ACT의 목표
ACT의 주요 목표는 마음챙김 접근법을 핵심으로 한다.

- 삶의 아픔을 받아들이면서 다양하고 의미 있는 삶을 만든다.
- 마음챙김 기술을 통해 고통스러운 생각과 감정을 효과적으로 관리하여 그 영향을 줄인다.

말더듬 성인에게 ACT 적용하기
Beilby와 Byrnes(2012) 및 다양한 연구에서 ACT가 말더듬 관리에 유용하다고 밝혔다(Beilby & Byrnes, 2010a; 2010b; Byrnes et al., 2010).

Plexico 등(2005)은 말더듬 성인의 변화 과정에서 '수용'이 핵심 요소임을 발견했다. 이후 Plexico 등(2009)의 연구에서 말더듬 대처 전략의 성격을 탐색한 결과 역시 수용이 중요한 요소이자 동기를 부여하는 요인임을 밝혔다.

> 회피나 탈출이라는 대처 방식을 극복함으로써 자기 이해를 증진하며 정신적 및 감정적 안정, 타인과의 더 편안한 관계를 구축할 수 있다. 또한 자기를 숨기려는 욕구를 감소시킨다.
>
> (p. 121)

Yaruss(2012)는 수용을 주요 치료 목표로 삼아야 할 적극적인 과정으로 강조하며, "말더듬을 수용하는 화자는 의사소통이 쉬워지는 것뿐만 아니라, 그들이 원하는 삶을 살기도 더욱 쉬워진다."고 언급하였다(p. 187).

Cheasman 등(2015)은 내담자와의 치료 관계의 중심에 수용을 핵심 가치로 두고, 특히 말더듬과 말더듬 성인에 대해 언급할 때 편견이 없이 신중한 언어를 사용하라고 강조한다.

더 나아가, Everard와 Cheasman(2021)은 수용을 핵심으로 하는 치료의 특징으로 인식하기, 감각적 불편 감소, 회피 감소 및 막힘 수정의 측면을 설명하였다.

> 성인 말더듬치료에 ACT를 통합하면 눈에 띄는 말더듬 증상과 내면의 반응에 대한 인식이 증가하고, 회피가 감소하며, 말더듬 경험에 더욱 열려 있는 태도를 갖게 한다. 또한 어려운 상황에서도 계속 진행할 수 있는 동기를 부여한다.
>
> (p. 164)

말더듬 성인과 ACT에 대해 이야기하기

Cheasman 등(2015)은 ACT 관련 전문 용어는 다소 난해하기 때문에 내담자와 논의할 때에는 친근한 표현를 사용할 것을 추천한다. 예를 들어, '저항과 투쟁'에 반대되는 개념을 설명하기 위해 '일어나는 일을 그대로 허용하기' '그대로 놓아두기' '공간 마련하기' 및 '열린 태도' 등의 표현을 사용할 수 있다.

심리적 유연성

ACT에서 심리적 유연성은 곧 발전의 근본이 된다. 심리적 유연성은 다음의 여섯 가지 핵심 과정을 적용하여 달성된다.

- 자아 개념(self-concept): 내담자가 본인 스스로를 정의한다.
- 해방(defusion): 행동의 유연성
- 수용(acceptance): 감정적 및 인지적 사건을 받아들이고 변화시키려 하지 않는다.
- 마음챙김(mindfulness): 과거 경험보다 현재 순간에 집중한다.
- 가치(values): 인생에서 가장 중요한 영역을 명확히 한다.
- 전념 행동(committed action): 미래를 위한 목표와 삶의 질에 관하여 우선순위를 설정한다(Beilby & Byrnes, 2012).

Flaxman 등(2019)은 이 핵심 과정을 세 가지 축(pillar)으로 분류하였다. 치료사는 내담자가 이러한 과정을 순차적으로 적용하는 것이 아니라 필요에 따라 유기적으로 적용하도록 지원한다.

- 인지(Noticing Pillar): 인지 기술은 마음챙김을 통해 발전할 수 있다. ACT에서 마음챙김은 대체로 '인지하기—그 생각을 놓아

주기-감정을 그대로 두기'의 세 가지 원칙을 따른다(마음챙김에 대한 더 자세한 논의는 '제9장 Point 80'을 참조).

- 개방(Open Pillar): 개방에서는 문제가 되는 생각과 감정에 대해 새로운 반응을 개발하는 작업을 한다. Flaxman 등(2019)에 따르면, 첫째, 도움이 되지 않는 생각을 인식하기. 둘째, 생각을 덜 심각하게 받아들이기. 셋째, 자신과 생각 사이에 공간 만들기의 방법을 통해 목표를 달성할 수 있다. 해방(defusion)과 수용(acceptance)은 개방 축의 핵심 요소이다(Cheasman, 2021).
- 활동(Active Pillar): 활동 축에서 말더듬 성인은 자신에게 중요한 가치를 이해하게 된다. 이러한 가치를 일상생활에서 표현할 수 있고 전념 행동으로 실천한다. 이를 통해 미루기, 불안 그리고 다른 사람들의 기대나 시선으로부터 스스로 해방될 수 있다.

ACT 프로그램

Beilby 등(2012)은 말더듬 성인을 위한 ACT 프로그램을 개발하였다. 이 프로그램은 그룹치료 환경에서 진행되었으며 2시간씩 총 8회기로 구성되었다. 회기 활동에는 이전에 설명한 여섯 가지 핵심 과정이 포함되어 있다. 회기 구성은 다음과 같다.

- 회기 1: 내담자가 ACT에 익숙해지도록 하고 내담자의 가치와 연관된 치료 목표를 설정한다.
- 회기 2: 내담자가 감정 조절을 인식하고 감정을 관리한 노력의 결과에 대해 인식한다. 이 회기에서는 이제까지 사용해 왔던 회피 전략을 대체할 수 있는 자발성과 수용 개념에 대해 소개한다.
- 회기 3: 해방과 수용을 목표로 하여 개인적인 사건을 파악한다.
- 회기 4: 해방 작업을 더욱 확장하고 마음챙김 기술을 일상생활

에서도 적용할 수 있게 확대한다.

- 회기 5: 해방 작업을 완료한다. 마음챙김 훈련을 확장하고 내담자의 개인적인 가치관을 명확히 한다.
- 회기 6: 전념 행동을 시작하고 내담자가 인식하는 장애물을 관리한다.
- 회기 7: 가치 지향적인 활동을 지속하도록 촉진한다. 즉, 참가자들은 자신의 삶에서 가장 의미 있는 영역을 파악한다. 부정적인 경험에 대해 애써 극복하거나 회피하는 데 소비되었던 노력을 확인하여 이제부터는 앞서 설정한 개인의 가치를 달성하는데 집중하도록 한다.
- 회기 8: 치료 프로그램 종료에 대한 내담자의 반응을 다룬다. ACT 전략 및 기법을 검토하며 치료 후 효과를 유지하기 위한 목표를 설정한다.

82 개인 구성 심리학과 치료

이론적 기반

조지 켈리(George Kelly)의 연구를 기반으로 하는 개인 구성 심리학(Personal Construct Psychology: PCP)은 1970~80년대부터 말더듬 증상에 적용되어 왔다[Fransella(1972), Evesham & Fransella(1985), Evesham & Huddleston(1983), Hayhow & Levy(1989)]. PCP는 말더듬 성인이 치료 과정에서 겪을 수 있는 변화의 장애물(예: 새로운 화자로서의 역할에 적응하는 것 등)을 설명하고 관리하는 데 도움이 될 수 있다. 이 이론은 '인간은 과학자이다.'라는 켈리(Kelly, 1955)의 개념에 기반한다. 즉, 개인은 미래가 어떻게 될지에 대한 가설을 끊임없이 세우고 자신의 예측을 시험할 증거를 찾는다는 것이다. 이원적인 개인 구성 집합을 개발하고 이를 계층적인 시스템으로 조직하여 예측을 하는 데 도움을 받는다.

"개인 구성 체계에 대한 켈리(1955)의 설명에서 분명히 드러난 것처럼, 사람들은 이러한 체계를 사용하여 세상을 조직하고 이해하며 미래의 사건을 예측하고 제어하기 위해 더 나은 방법을 모색한다. 새로운 경험이 생기면 기존의 구성 요소를 재검토하여 체계에 더 잘 맞도록 변경하기도 한다."(DiLollo et al., 2002, p. 23)

이러한 구성 요소는 변화에 덜 개방적인 경직된(tight) 체계 혹은 변경하기 용이한 유연한(loose) 체계로 나눌 수 있다. 이 두 체계는 극단적인 경우 각각의 문제점이 있다. 과경직된 체계는 변경하기 어렵고, 과유연한 체계는 예측을 어렵게 만든다.

PCP를 말더듬에 적용하기

PCP를 말더듬에 처음 적용한 연구 중 하나에서 Fransella(1972)는 계속해서 말을 더듬는 이유에 대한 가설을 제시했다. 그는 이 행동에 변화를 주지 않고 계속해서 말을 더듬는 이유는, 이를 통해 자신의 경험을 토대로 가장 많은 사건을 예측할 수 있고, 그 결과 자신의 인생을 더 잘 이해할 수 있기 때문이라고 설명했다.

Fransella는 "말 더듬는 사람들이 자신의 발화에 대한 상대방의 다양한 반응과 더불어 자신의 발화나 청자의 반응에 대한 본인의 반응을 예측할 수 있기 때문이다. 반면에 유창하게 말하는 경우 어떤 반응이 진행될지 거의 알지 못한다. 그들은 유창한 발화에 대한 정상적인 반응을 해석하는 데 익숙하지 않다."(DiLollo et al., 2002, p. 24)라고 주장한다.

다른 연구(Dalton, 1983, 1994; Williams, 1995)에서는 말더듬 성인

이 유창한 말보다 말더듬에 더 큰 중요성을 두는 현상이 관찰되었다. 나의 경험을 이야기해 보자면, 한 내담자가 치료실에서는 매우 효과적으로 말을 제어할 수 있는데, 치료실 밖에서는 유창성 전략을 적극적으로 구사하지 않았다. 호기심에 이유를 물었더니, 그는 "유창하게 말하면 나 같지가 않아요."라고 대답했다(그 대화는 나에게 매우 의미 있는 대화였고, 말더듬의 변화가 내담자의 자기 이해와 어떻게 맞아떨어지는지를 이해해야 한다는 필요성을 깨달았다. 그 이후로 나는 PCT를 배우고 말더듬 성인의 언어치료에 적용하기 시작했다). Dalton은 말더듬 성인이 말더듬 경험을 묘사할 때, 그들이 느끼는 통제력에 대한 인식이나 감정을 말로 표현하기 어려워한다는 것을 발견했다. 그 후 나중의 연구에서 그녀는 말더듬 성인이 말더듬과 별개로 자신을 묘사하도록 했을 때 자신에 대한 보다 전체적인 그림을 그릴 수 있었다는 것을 관찰하였다.

개인 구성 심리학과 말더듬치료

훈련된 언어치료사가 개인 구성 심리학(PCT)을 사용하면 여러 가능성을 열 수 있다.

- 내담자의 심리적 세계관을 이해한다. Williams(1995)는 "치료사들이 말을 더듬는 것이 어떤 것인지 거의 이해하고, 변화가 내담자에게 미치는 의미를 이해할 수 있게 한다."고 하였다(p. 111).
- 내담자가 자신의 말더듬을 어떻게 생각하며, 왜 그것이 본인에게 의미를 갖는지 탐구한다.
- 내담자에게 새로운 대안이나 해석 방법을 제공한다.
- 가설을 세우고 '실험-재평가-재해석'에 기반한 창의적인 재구성 순환을 제공한다[이는 많은 성인 말더듬 내담자가 이전에 경

험한 '연습-실패-자책-더 많은 연습'이라는 관습을 대체하는 것이다(Hayhow & Levy, 1989)].

개인 구성 상담 과정은 개인 구성 이론의 눈을 통해 본 내담자의 세계관을 이해하고, 이를 통해 내담자가 자신의 삶과 경험을 재구성하는 것을 돕는 것이다.

(Fransella & Dalton, 1990, p. 6)

Stewart와 Brosh(1997)는 PCT와 미술 치료를 사용하여 내담자와 상호작용하는 과정을 설명했다. 이 내담자는 초기에 고립과 절망의 상태에서([그림 9-1] 참조) 다양한 가능성을 고려하고 선택지를 고민하게 되었다([그림 9-2] 참조). 최종적으로 약간의 취약성이 남아 있긴 했지만 사회적 참여의 지점에 도달할 수 있었다([그림 9-3] 참조).

[그림 9-1] **치료 시작, Client M.**

[그림 9-2] **치료 중반, Client M.**

[그림 9-3] **치료 종료 시, Client M.**

말더듬 성인에게 개인 구성 심리학(PCT)을 적용했을 때의 이점

- 명확성. PCT는 환자가 자신과 세상을 이해하는 맥락에서 말더듬을 볼 수 있게 함으로써 언어치료가 그에게 더 많은 의미와 개인적인 의미를 가지게 한다[PCT를 통한 개인의 변화에 관한 자세한 설명은 Stewart와 Birdsall(2001)을 참조하라].

- 말더듬 성인에게 PCT를 사용하는 것은 말더듬의 문제를 종합적으로 접근하는 방법이다. PCT는 말에 관한 생각과 감정을 다루는 것뿐만 아니라, 변화를 가져오기 위해 내담자가 자신의 행동을 실험하게 한다. Fransella와 Dalton(1990)은 PCP 모델에서 변화의 과정을 논의하였다. "이것은 단순히 사람의 사고 방식을 바꾸는 문제가 아니다. 그것은 사람이 다르게 행동하는 방식을 실험함으로써 새롭게 사건 구성을 시도하고 시험하는 데 있다."(p. 105)

- PCT는 유창성 수정 기법과 효과적으로 병행할 수 있다. Fransella(1972)는 내담자가 자신의 말에 어느 정도의 통제력을 얻은 후에 PCT에 접근하는 것이 가장 유익하다고 느꼈다. 이 통제력은 그가 사회적 및 말하는 상황에서 대체 행동을 실험할 수 있게 한다. Williams(1995)도 행동 실험과 재구성 간의 효과적인 연계를 강조했다. 그러나 PCT는 '더 유창하게 말하기'나 '더 쉽게 말더듬기'와 같은 추가적인 말 수정 없이도 변화를 가져올 수 있다. 내담자는 자신과 자신의 말을 재구성하여 유창성 수정을 덜 필요하다고 생각할 수 있다. 따라서 이것은 '자신 있게 말더듬기' 운동과 잘 어울리는 심리적 과정이다.

- PCT는 중대하고 장기적인 변화를 가능하게 한다. PCT에서 Kelly(1955)는 여러 가지 추론 주기(cycles of construing)를 논의하였다. 그중 하나인 '창의성 주기(creativity cycle)'는 사람이 느

낄 수 있는 실험을 할 수 있는 것을 '창조'했다고 느낄 때까지 유연한 해석과 견고한 해석을 반복하는 과정에 관한 것이다. "유연한 해석은 창의적 사고의 무대를 마련한다. 유연함은 오랫동안 당연하게 여겼던 사실들을 새롭게 바라보고 해방시킨다. 일단 해방이 되면, 지금까지 예상치 못했던 새로운 관점에서 볼 수 있으며, 창의적 해석이 시작될 수 있다."(Kelly, 1955, p. 1031)

경험에 따르면, 실험과 해석 변경 과정에 참여한 말더듬 성인은 시간이 지나도 위험 감수, 회피 감소 및 두려움과 불안에 직면하는 작업이 꾸준히 필요하다. Stewart(1996)는 치료 효과의 장기 유지와 해석 과정 간의 관계를 탐구했다. 그룹치료 동안 더 오랜 기간 유연하고 개방된 해석 시스템을 유지한 내담자의 치료 효과가 더욱 긴 기간 동안 유지되었다. 그는 치료사들이 더 오랜 기간 동안 더 많은 유연한 기술을 사용하여 치료 효과를 최대한 길게 유지해야 한다고 말했다.

83 인지행동치료

배경

인지치료는 Beck이 성인 우울증을 치료하기 위해 개발하였으며 이후 다양한 감정 문제에 사용되었다. 이 치료프로그램은 Beck이 CBT의 선구자로 본 PGP와 일부 유사하다. CBT의 기본 전제는 감정적 반응과 행동이 인지에 영향을 받는다는 것이다. Beck은 각 개인이 정보를 조직하고 해석하여 자신의 세계를 이해하려고 노력한다고 주장했다. 일반적으로 이 방법은 유용하고 사건을 예측하는 데 도움이 된다. 그러나 때로는 해석 과정의 핵심에 유익하지 않은 편견이 있을 수 있으며, 그 결과 부정적이거나 문제가 있는 생각 패턴을 강화할 수 있다. 이러한 생각, 의견 및 자신에 대한 해석은 그의 감정 상태에 영향을 미치며 간혹 어려움을 초래하기도 한다.

악순환

Beck은 생각, 감정, 생리적 및 행동적 반응 사이에 연계성이 있다는 가설을 세웠다. 예를 들어, 어떤 절박한 사건에 대한 불안을 경험하면 심장 박동 수와 호흡 속도가 증가하고 땀이 나는 등 생리적 반응이 유발된다. 이때 순식간에 인지가 하나의 생각에서 다른 생각으로 옮겨가거나, 증가된 심장 박동과 같은 특정 생리적 경험에 고정될 수 있다. 심장 박동에 대한 우려가 압도적으로 커지면서 공황 상태로 발전할 수 있다. 그러면 투쟁하거나 도망가려는 감정이 생길수 있다. 후자의 선택을 하면, 다음부터는 스트레스 유발 상황이나 사건을 피하게 된다. 이는 당장의 어려움을 우회하게 되어 단기적으로 이득이 있지만, 궁극적으로 그가 예측을 테스트하고 사건이 생각만큼 문제가 되지 않았다는 것을 발견하지 못하게 한다. 반복적으로 피하는 경우, 두려움과 불안이 증가하고 자신감을 잃으며 수치심과 죄책감 같은 감정을 발전시킬 가능성이 있다.

CBT는 무엇인가

CBT의 목표는 먼저 유익하지 않은 생각 패턴을 확인한 후 이러한 인지의 진실을 테스트하는 것이다. 내 생각 패턴이 어떤 식으로든 방해가 된다는 것이 확인되면, 내

> 나는 말더듬치료에서 CBT의 중요성을 이해하고 싶었다. CBT의 기본 원리와 기초를 이해하고 나니 말더듬치료에 적용하기 쉬웠다.
>
> – Monica Rocha
> (사적 대화 중에서, 2021)

담자는 더 유익한 생각 패턴을 개발하고 검증하게 된다. Turnbull과 Stewart(2017)는 전체적인 접근 방식을 소개하였다.

> 이는 구조적이고 목표 지향적이며 협력적이다. 유익하지 않은 사고를 바꾸고 더 유익한 사고 패턴으로 대체하는 데 중점을 둔다. 문제의 원인보다는 문제가 왜 유지되는가에 더 중점을 두며, 가능한 한 현재에 집중한다.
>
> (p. 9)

말더듬 성인에게 왜 CBT를 사용하는가

말더듬을 관리하는 능력은 개인의 인지 변화와 일부 관련이 있는 것으로 보인다. 현상학적 연구에서 Plexico 등(2005)은 성인들이 말더듬을 성공적으로 관리하는 방법을 찾은 결과, 다음과 같은 특성을 발견했다고 보고했다.

> 말더듬이라는 주제에 지배된 삶에서 성공적으로 말더듬을 관리하는 삶으로 전환하기 위해서는 인지적 변화와 행동적 변화가 모두 필요했다.
>
> (p. 14)

말더듬 성인을 위한 CBT의 핵심 요소는 유익하지 않은 신념에 대해 도전하는 것이다. 말더듬 성인에게 이러한 신념은 다음과 관련이 있을 수 있다.

- 말하기에 대한 불안, 예를 들어 '숨이 막힐 것 같다./숨을 쉴 수 없을 것 같다./숨이 막혀서 말을 할 수 없을 것 같다.'
- 타인이 부정적인 평가를 할 가능성, 예를 들어 '내가 말더듬을 하면 바보처럼 보일 것이다./사람들이 비웃을 것이다.' 이러한

유익하지 않은 생각은 긴장, 숨가쁨, 불안 반응, 공황 가능성, 회피, 수치심 및 자기 비하와 같은 반응을 일으킨다. Iverach 등(2017)은 말더듬에서 사회적 불안이 유지되는 것은 부정적 평가에 대한 두려움, 부정적 사회 평가 인지, 주의 편향, 자기 중심적 주의, 안전 행동 및 사전/사후 이벤트 처리와 같은 다양한 상호 관련 요소에 의해 영향을 받을 수 있다는 것을 발견했다. Craig와 Tran(2006)은 말을 더듬는 성인을 중재할 때에는 모든 대상자에게 인지행동치료를 사용해야 한다고 권고하였다.

말더듬 문제에 대한 인지행동치료(CBT) 효과 근거

초기 연구에서는 말더듬 성인들의 부정적인 태도를 변화시키고 더 낙관적인 관점을 개발하는 목적으로 CBT의 효과를 연구하였다(Andrews & Craig, 1982; Craig & Andrews, 1985; Howie et al., 1981; Maxwell, 1982). Blood(1995)는 상용화된 컴퓨터 보조 바이오피드백 프로그램과 상담 및 태도 개선을 위한 인지 기반 재발 관리 프로그램을 결합한 프로그램의 효능을 평가했다. 결과는 네 명의 젊은 성인 대상자의 말더듬이 감소하고 긍정적인 감정과 태도가 증가했다. 이 효과는 12개월 후 추적 조사에서도 유지되었다.

Langevin 등(2006)은 ISTAR 말더듬 프로그램 보고서에서 사회적 기술 향상, 의사소통에 대한 긍정적 태도 개발, 회피 감소, 두려움과 불안 관리 및 부정적인 청자의 반응 처리 등을 목표로 한 여러 CBT 구성 요소의 사용을 설명했다. Menzies 등(2008)은 CBT의 사회불안 영역 패키지가 사회불안과 말더듬에 미치는 효과를 관찰하였다.

말더듬 성인과 CBT를 사용하는 방법

먼저 치료사는 항상 자신의 능력 범위 내에서 작업해야 한다.

CBT를 적절히 사용하려면 필요한 지식과 기술을 얻기 위한 교육을 받은 상태여야 한다. 일련의 CBT 회기는 진행 중인 언어 중재 프로그램의 일부가 될 수도 있고 단독으로 사용할 수도 있다. 앞서 언급한 바와 같이, 이러한 회기의 목표는 내담자가 자신의 말더듬에 대해 가지고 있는 부정적인 생각과 편견을 확인하고 수정하는 것이다.

첫 번째 단계는 내담자와 치료사가 문제를 인식하고 현재 개인이 하고 있는 문제해결에 도움이 되지 않는 생각 패턴을 이해하는 것이다. 이는 개인이 자신의 생각, 감정, 생리적 반응 및 행동 반응 간의 연관성을 탐구함으로써 이루어진다. 악순환의 개념은 이 과정을 돕는 데 유용하다. Turnbull과 Stewart(2017)가 제시한 구체적인 예시를 활용할 수 있다. 또한, 말더듬 성인은 자신의 일반적인 대처 방법 중 어떤 것이 도움이 되고 어떤 것이 덜 유익한지 평가해 본다. Turnbull과 Stewart(2017)는 이 과정을 촉진하는 방법으로 '열려 있는, 협력적인, 비대립적인, 호기심 많은 질문'을 사용하는 소크라테스식 질문을 제안한다. 말더듬 성인은 흑백사고, 재앙화, 부정적인 부분만 골라서 믿기, 독심술, 과잉 일반화, 과거 사건에 대한 집착적 사고, 최악의 시나리오 상상하기와 같이 도움이 되지 않는 사고 패턴에 대해 학습하여 자신의 사고에서 이러한 패턴을 더 잘 확인할 수 있게 될 것이다.

두 번째, 내담자는 자신의 생각을 비판적으로 바라보고, 해당 생각의 타당성에 대해 의문을 제기하며 다음과 같은 질문을 해 본다.

- 이 생각이 옳다는 증거가 무엇인가요?
- 이 생각이 틀렸다는 증거가 무엇인가요?
- 동일한 생각을 가진 친구가 있다면 도움이 될 만한 조언이나 이야기는 무엇인가요?

- 이 생각을 제거하기 위해 이해심이 많고 지지해 주는 친구가 어떤 조언을 할까요?
- 내가 제어할 수 없는 것에 대해 불필요하게 걱정하고 있는 건 아닐까요?
- 이 생각이 나를 좋은 기분으로 만들까요, 나쁜 기분으로 만들까요?
- 이 생각을 버리면 이익을 얻을 수 있을까요? 있다면 어떤 이익이 있을까요?
- 이 생각이 옳으면 최악의 결과는 어떤 것이 일어날까요?
- 더 도움이 될 수 있는 다른 생각으로는 어떤 것이 있을까요?

마지막으로, 말더듬 성인은 자신의 증거를 바탕으로 더 유용하다고 확인된 '더 도움이 되는 생각'을 확립하기 위해 행동 실험을 해 본다. Bennet-Levy 등(2004)은 이러한 실험을 두 가지 범주로 나누었다.

- 능동적(active) 실험: 도움이 되지 않는 생각을 확인한 후, 말더듬 성인이 문제 상황에서 의도적으로 다른 방식으로 행동하거나 생각하는 경우
- 관찰적(observational) 실험: 행동을 수행하는 것이 너무 많은 불안을 유발하거나 추가 증거가 필요한 경우에 사용한다.

'말더듬 완화에 도움이 되지 않는 생각과 신념들' 체크리스트(St Clare et al., 2009)('부록 2' 참조)는 CBT 워크시트의 기초가 된다(Menzies et al., 2009). 워크시트의 모든 세부 항목은 '부록 2'에서 제공한다. 워크시트의 1번과 2번 문항은 부정적인 생각에 대한 증거에 초점을 맞추고 있다. 5번 문항은 이 통제할 수 없다고 느낄 수

217

있는 문제들, 예를 들어 다른 사람들이 말더듬을 이해하고 말더듬에 반응하는 방식 혹은 본인이 특정 상황에서 말을 더듬을 빈도 등에 관한 것이다. 6번 문항은 그 생각의 유용성에 중점을 두고 있다. 즉, 그 생각이 내담자에게 어떤 방식으로든 도움이 되는지 묻는 것이다. 마지막으로 8번 문항은 부정적인 결과가 나올 경우 그 결과의 영향을 생각해 보도록 한다. 예를 들어, 샌드위치를 주문할 때 점원이 비웃는 상황이 발생한다면 나에게 어떤 영향을 미칠까? 어느 정도로 나쁜 영향을 미칠까? 여전히 내담자가 원하던 샌드위치를 구입할 수 있을까?

84 내러티브중재

배경

이전에는 내러티브치료(narrative therapy)로 알려졌던 내러티브 중재(NP)는 주로 Michael White와 David Epston의 저서 『Narrative Means to Therapeutic Ends』(1990)에서 비롯되었으며, 호주 Dulwich Centr를 비롯한 전 세계 다양한 지역에서 연구된 자료로부터 발전하였다.

기본 전제

NP는 개인이 삶의 일련의 경험들과 이야기들을 통해 자신만의 이야기나 서사를 만들어 내고 그것들을 통해 인생에 의미를 부여한다는 개념을 핵심 가정으로 한다.

예를 들어, Cooper는 자신을 끊임없이 다른 사람들을 따라잡기 위해 달리는 경쟁자로 묘사하는 자신 삶의 내러티브를 가지고 있다.

또한 부모님으로부터 본인이 창의적인 에너지와 삶에 대한 열정이 가득한 아이였다는 스토리를 가지고 있다. 이러한 이야기들은 그에게만 존재하는 독특한 이야기이므로 자신의 삶에 대한 전문가는 바로 자신이다. Neimeyer(1995)는 다음과 같이 표현하였다.

> 우리가 사는 이야기, 즉 사건들을 의미 있는 순서로 연결하고, 이를 통해 나만의 자서전에서 주인공으로서의 자아를 구성하는 방식에 의해 우리의 삶의 중요성이 결정된다.
>
> (p. 22)

만약 내담자가 말더듬 '문제'에 치중한 삶의 이야기들을 가지고 있다면, NP를 통해 이러한 이야기들을 분해하고 덜 문제 중심적이며 더 강력한 새로운 이야기로 만들어 본다.

주요 구성 요소

NP는 행동과 의미 혹은 의식을 구분한다. 행동은 특정 행동과 관련이 있고, 의식은 감정, 생각, 동기, 꿈과 소망에 관한 것이다. 이 두 가지 공간(landscapes)은 상호 연결되어 있다. Bruner(2004)는 다음과 같이 썼다.

> 사건이 펼쳐지는 행동의 공간이 있고 그 행동에 관련된 주인공들의 내면 세계인 두 번째 의식의 공간이 있다.
>
> (p. 698)

O'Dwyer와 Ryan(2021)은 말더듬 성인에게 속한 이 두 가지 공간에 NP가 어떻게 작용하는지 설명한다.

NP는 문제 이야기에 저항하거나 견뎌 내는 행동을 찾아내기 위해 이 두 가지 공간을 이해해야 한다. 이 행동이 내담자가 선호하는 생각, 감정, 꿈, 야망을 고려할 때 어느 정도 중요한 일인지 판단한다. 이 과정은 자신을 어떤 사람으로 바라보고 싶은지, 어떤 삶을 살고 싶은지에 더 잘 맞는 내러티브를 제공한다.

(p. 85)

내러티브중재 절차

다음은 NP의 주요 과정들이다.

문제의 외재화(Externalisation)

이 과정에서 내담자는 문제와 자신을 분리한다. White와 Epston (1990)이 언급한 것처럼, '사람이 문제가 아니라 문제가 문제이다.' 따라서 언어치료를 받으러 온 내담자는 '말더듬이(stammerer)'가 아니라 '말을 더듬는 사람(a person who stammers)' 또는 '말더듬을 가진 사람(a person with a stammer)'이다. 이 단계에서 말더듬 성인은 문제를 설명하고 문제에 이름을 붙인다. 다음으로 과거와 현재의 예시를 포함하여 문제의 특징과 영향을 상세히 설명한다. 이후, 개인은 문제에 대해 평가하며, 그 문제가 자신의 삶에서 어떻게 작용하는지에 대해 고찰해 본다. 마지막으로, 내담자의 희망과 꿈을 반영하여 문제를 재평가하고 새로운 가능성을 고려한다. O'Dwyer와 Ryan(2021)은 외재화 과정에서 사용할 수 있는 유용한 질문 목록을 제공한다. 개방형 문항, 정보 수집 문항, 명확화 문항, 문제의 평가에 대한 질문, 내담자의 입장에 대한 정당화 질문 등을 포함한다. 이 마지막 단계는 내담자의 입장을 굳건하게 하고 더 깊게 바라보게끔 돕는다.

예외 상황 확인하기(Identification of the unique outcome)

이 과정에서는 예외 상황(문제가 나아졌던 순간)을 찾아본다. 이는 해결중심단기치료(Solution-focused brief therapy: SFBT)와 관련이 있다(De Shazer, 1985). 이러한 예외 또는 '반짝이는 순간'을 찾는 것을 O'Dwyer와 Ryan(2021)은 치료의 '전환점'이라고 말한다.

> 이것은 새로운 이야기를 만들고 설계하는 과정의 시작이다.

(p. 95)

내담자는 '예외 상황'에 대해 입장을 정하고 가치를 판단한 후 향후 행동을 결정한다. O'Dwyer와 Ryan(2021)은 대화의 구조를 다음과 같이 설명한다.

- 실행한 구체적인 조치나 단계에 대한 상세한 설명
- 예외 상황이 내담자와 타인과의 관계에 미치는 영향 탐색
- 예외 상황에 대한 경험을 묘사. "이 구체적인 조치나 단계를 더 이어가고 싶나요?"
- "왜 그렇게 하기로 결정했나요?"
- "당신이 중요하게 여기는 가치에 대해 다른 사람들에게 뭐라고 알리는 것인가요?"(p. 95)

예를 들어, Hadi는 자신의 말더듬에 대해 마음을 열고 편하게 드러내기로 결정한다. 그는 버스 운전사로서 동료 직원이나 여행객과 대화하는 것이 일상이다. 이러한 일상생활에서 말더듬을 드러낸다는 것이 무엇을 의미하는지 자신의 치료사와 함께 상세히 이야기한다. 그는 일부 동료들과의 관계에 변화를 느꼈다. 특히 Hadi가 말을

더듬는 것을 처음 듣는 동료와의 관계에서 변화가 더욱 두드러졌다. 의외로 버스 승객들은 특별한 다른 반응이나 변화를 보이지 않았다. 이 변화를 실험한 후, 그는 자신의 경험을 평가하고 앞으로 말더듬을 드러내기로 결정한다. 이제 Hadi는 말더듬을 편하게 개방하는 것에 대해 긍정적으로 평가한다. 이것이 내담자가 자신을 보는 시각과 말더듬 성인으로서 자신이 이야기하는 방식에 어떤 영향을 미치는지 생각해 본다.

이야기 재작성(Reauthoring of the story)

경험이 적은 치료사라면 다음과 같은 문장을 이용하여 내담자가 이야기를 재작성하도록 유도할 수 있다. "당신에 관한 이야기를 들려주세요. 이 이야기는 당신이 한 일이나 특정한 방식으로 행동했던 순간에 관한 것입니다. 그것은 당신이 평소에 행동하는 방식과 다르게 보일 수 있습니다."(O'Dwyer & Ryan, 2021, p. 96)

재작성 과정은 네 단계로 이루어진다. 우선 '예외 상황'을 정의하는 것부터 시작한다. 다음 단계는 예외의 효과를 몇 가지 가능한 상황에 적용시켜 본다. 예를 들어, "당신이 ○○를 했을 때, 혹은 ○○를 했다고 상상해 보십시오. 기분이 어땠습니까?"라고 질문한다. 다음 단계에서, 내담자는 상황 결과에 대해 입장을 취하고 결과에 대한 효과를 평가한다. 예를 들어, "이것을 당신의 삶에서 긍정적인 발전으로 여기십니까, 아니면 부정적인 발전으로 여기십니까?"라고 질문한다. 마지막으로, 치료사는 내담자가 내린 평가에 정당성을 부여하고 내담자가 세운 입장을 지지한다.

정의 예식(Definitional ceremonies)

White(2007)는 정의 예식을 다음과 같이 설명한다.

내담자는 내담자가 신중하게 선택한 청중 앞에서 자신의 삶의 이야기를 말하거나 표현할 수 있는 선택권을 갖는다.

(p. 165)

정의 예식은 네 단계로 구성되는데 각 단계마다 화자와 청중의 역할이 중요하다.

- 첫 번째 단계에서는 개인이 삶의 이야기에서 중요한 사건을 설명한다. 청중은 관객으로서 이야기를 듣는다.
- 이야기를 듣고 난 후, 치료사는 청중에게 특정 주제에 대해 질문하고 치료사의 안내에 따라 질문에 응답한다(White, 2007). 예를 들어,
  - 당신이 가장 끌렸던 부분에 대해 이야기해 주시겠습니까? (표현)
  - 이것을 들으면서 무엇이 떠올랐습니까?(이미지)
  - 왜 당신이 이러한 특정 표현에 끌렸는지 당신의 삶에 대해서도 이야기해 주세요(공명).
  - 이야기를 들으면서 당신은 어떤 생각이 떠올랐나요?(이동)

청중은 내담자의 이야기를 본인의 이야기로 개인화함으로써 청중이 중요하다고 여기는 특징에 기반한 자신의 강조점을 추가한다. 결과적으로 청중은 내담자의 최초 내러티브에 통찰력을 더하는 재해석을 제시한다.

- 청중의 이야기를 들은 후, 내담자는 청중이 제공한 통찰을 포함하여 자신의 이야기를 다시 들려준다.

• 마지막으로, 치료사의 안내에 따라 청중과 내담자는 정의 예식 의 앞선 세 단계에 대해 생각을 나누어 본다. 정의 예식에 대한 자세한 설명과 논의는 Leahy, O'Dwyer와 Ryan(2012)을 참고할 수 있다.

말더듬에 NP를 사용하는 장점

많은 연구자가 말더듬에 NP를 사용할 때의 장점을 논의하였다 (DiLollo et al., 2002; Logan, 2013; O'Dwyer et al., 2018; O'Dwyer & Ryan, 2021). DiLollo 등(2002)은 말더듬 성인에게 NP를 사용하는 것 의 여러 가지 이점을 발표하였다.

• NP를 사용하면, 언어치료사들은 말더듬이 말더듬 성인의 삶에 서 어떤 역할을 하는지, 그리고 말더듬이 내담자의 삶과 주변 사람들에게 어떻게 영향을 미치는지를 더 잘 이해할 수 있다.
• NP를 사용하면, '말더듬'이 지능, 정서적 안정감, 진정성 및 능 력과 관련이 있다는 편견과 고정관념이 말더듬 성인의 일상생 활에 어떤 영향을 미치는지 탐구할 수 있는 기회를 제공한다.
• NP를 사용하면, 내담자가 '나는 말더듬이야.'라고 자신을 부정적 으로 표현하는 것이 언어치료 과정에 어떤 영향을 미치는지 알 아본다. 이러한 자아 개념이 치료 진행이나 치료적으로 달성된 변화를 유지하는 데 부정적인 영향을 미칠 수 있다는 점을 이해 한다.
• NP를 사용하면, 말더듬이라는 특성에 매몰되지 않은 독립적인 자아를 묘사하고 탐구할 수 있다.
• NP를 사용함으로써, '말을 더듬는 삶'보다 내담자가 더 선호하 는 라이프 스타일을 개발하기 위해 탐구한다(p. 31).

해결중심단기치료(SFBT)

배경

해결중심단기치료(Solution-Focused Brief Therapy: SFBT)는 임상에서 개발되었으며, Wittgenstein의 철학과 불교의 영향을 받았다. SFBT는 특정 심리 이론을 기반으로 하지 않기 때문에 전통적인 심리적 접근으로 간주되지는 않지만, 말더듬을 치료할 때 유용한 여러 기술을 포함하고 있다. SFBT는 정신과 의사이자 최면 치료사인 Milton Erickson의 저술과 임상 중재를 토대로 발전되었다. 1960년 대에 Weakland, Watzlawick 및 Fisch는 단기치료를 실습하는 센터를 설립하였다. 이들은 개인의 문제를 새로운 방식으로 다른 관점을 얻을 수 있도록 하는 재구성(reframing)이라는 개념을 도출하였다. 이들이 임상에서 말더듬과 상담했던 자료도 있다(Watzlawick et al., 1974). 이후 Steve de Shazer와 그의 아내 Kim Insoo Berg는 밀워키에 단기 치료 센터를 설립하였다. SFBT의 많은 구성 요소는 이 두 실무자의 저술과 작업에서 비롯되었다(De Shazer, 1985; 1988).

SFBT란 무엇인가?

SFBT는 가능한 한 가장 짧은 시간에 개인이 변화할 수 있도록 내담자와 대화하는 중재법이다. [평균 회기 수는 2.7회에서 5.5회 사이로 보고된다(De Jong & Berg, 2012).] 그러나 단순히 짧게만 진행되는 치료가 아니다. 오히려, 내담자가 원하는 미래를 더 자세히 기술하고 이 결과를 달성하기 위한 기술과 자원을 개발함으로써 변화를 일으킨다. 또한 내담자가 꿈꾸는 미래가 실현되었던 과거의 순간이나 현재의 사례를 이야기해 본다. 흥미롭게도, SFBT를 사용하는 치료사는 내담자가 자신의 문제를 설명할 필요가 없다고 생각한다. 치료사는 문제보다는 해결책에 더 초점을 맞추도록 대화를 이끈다(Berg & De Shazer, 1993). SFBT에서 치료사는 내담자에게 조언을 하지 않고 내담자 스스로 문제를 해결하는 것이 더 치료적이라고 믿는다.

> SFBT는 내담자가 치료 결과로서 자신의 삶이 어떻게 변화하길 원하는지 탐색하고, 목표 삶에 도달하기 위한 기술과 자원을 신속하게 검토하는 접근법이다. 치료사가 내담자의 문제 유형을 평가하거나 내담자의 문제에 대한 해결책을 제공하는 것이 아니다. 해결책은 내담자에게서 나와야 한다.
>
> (Ratner et al., 2012, p. 4)

SFBT의 기본 원칙

- 이미 문제가 해결되었다면 개입하지 않는다. 문제는 이미 해결되었지만, 개인이 이를 인식하지 못할 수도 있다. 이 경우 개입하지 않는다.
- 예외를 찾아라. 모든 문제에는 예외가 있다. 즉, 문제가 문제 되지 않는 순간 또는 덜 심각한 시기가 있다. 이러한 순간을 잘 들여다보면 해결책을 찾는 단서가 있다.
- 내담자에게 무엇을 해야 하는지 조언하지 말고 질문을 한다. SFBT는 질문을 주요 의사소통 도구로 사용한다. 내담자에게 직접적으로 비판적인 의문을 갖거나 대립하는 것은 지양한다.
- 미래는 협상하고 창조된다. SFBT에서 사용되는 질문은 거의 항상 현재와 미래에 초점을 맞춘다. 따라서 과거의 실수를 강조하기보다는 해결책에 초점을 맞추는 것이 더 생산적이고 힘을 실어 준다고 믿는다.
- 칭찬은 SFBT의 또 다른 중요한 부분이다. 개인이 이미 잘하고 있는 것을 확인하고 내담자의 문제의 중요성을 인정한다. 이를

통해 치료사가 내담자를 이해하고 관심을 갖고 있다는 메시지를 주면서 변화를 독려한다. 칭찬은 내담자가 현재 올바르게 하고 있는 것을 확인해 줄 수 있다.

- SFBT 치료사는 이전에 효과가 있었던 것을 더 많이 하도록 개인을 부드럽게 유도한다. 변화는 지속적이고 불가피하다. SFBT 접근법에서는 안정적인 삶이란 환상이라고 여긴다.

- 삶은 끊임없이 변화하고 우리는 항상 변하고 있다. 작은 변화에 주목하고 주의를 기울이는 것은 더 많은 변화를 촉발할 수 있다. 변화 중에서도 이미 일어나고 있는 더 긍정적인 변화에 초점을 두고 주의를 기울이도록 한다.

- 해결책 및 문제와 직접적으로 관련되어 있는 것은 아니다. 이 원칙은 문제와 해결책에 대한 상식과 상반되는 것처럼 보인다. '문제 해결' 접근법에 따르면, 문제와 해결책 사이에는 논리적이고 일관된 관계가 있어야 한다. 그러나 SFBT는 직접적인 문제 해결 이외에도 대안이나 다르게 행동할 가능성을 염두에 두라고 제안한다[info@solutions-centre.org에서 발췌(accessed 24th June 2021)].

SFBT의 주요 절차

문제에 대해 언급하지 않는 대화

SFBT를 시작하며 치료사는 내담자의 문제 측면은 일단 제외하고 다른 주제로 대화한다. 이는 문제에 매몰되지 않고 내담자를 전체적으로 파악할 수 있게 한다. 이 대화를 통해 이후의 과정에서 언급될 수 있는 긍정적인 측면, 즉 내담자의 강점과 자원이 무엇인지 정보를 수집한다.

목표 개발 질문

첫 번째 회기에서, 치료사는 내담자에게 치료를 통해 어떤 결과를 기대하는지 여러 가지 질문을 한다. 이를 통해, 내담자는 치료 회기에 참석한 것이 좋은 선택이었고 시간 낭비가 아니었다고 생각하게 된다.

기대하는 미래를 상세히 설명

목표를 확인한 후, 이 목표가 달성되었을 때 자신의 삶이 어떻게 변화할지 구체적으로 묘사하는 데 초점을 맞춘다.

여기에는 다음의 내용들이 포함될 수 있다.

변화에 관한 사전질문(Pre-Session Change Question)

언어치료실에 다니다 보면 문득 어느 날에는 '오늘은 왠지 문제점이 좀 나아졌는데?'라고 생각될 때도 있습니다. 혹시 그런 적이 있었나요?

내담자가 "그렇다."고 대답하면 치료사는 후속 질문을 한다. 어떻게, 언제, 어디서 개선되었는지 자세하게 묻는다. 그리고 이러한 효과가 좀 더 지속될 수 있는 방법에 대한 의견을 묻는다.

기적 질문(Miracle Question)

이제 이상한 질문을 하나 할게요. 오늘 밤 당신이 잠을 자고 있는 동안, 집에 소리 소문 없이 기적이 일어났다고 가정해 봅시다. 기적이 일어나서 당신을 언어치료실로 오게 한 문제가 해결되었어요! 그러나 잠을 자는 동안 일어난 일이기 때문에 그 기적이 일어났다는 것을 알지 못합니다. 내일 아침에 깨어났을 때, 기적이 일어났다는 사실을 어떻게 알아챌 수 있을까요? 무엇이 달라져서 기적이 일어났고 당신을 여기로 오게 한 문제가 해결되었음을 알 수 있을까요?

(De Shazer, 1988)

'기적 질문' 이후에 다음과 같은 후속 질문이 중요하다. 후속 질문을 통해 내담자가 그리는 미래의 구체적인 상황을 묘사하도록 한다. 그리고 그 미래가 그의 삶에 미치는 영향을 상세히 설명할 수 있다. 후속 질문의 예시는 다음과 같다.

- 기적이 일어나서 상황이 달라졌다는 것을 알려 주는 첫 번째 징후는 무엇일까요?
- 당신의 하루 일과 중 기적이 일어났다는 것을 알 수 있는 두 번째 징후는 무엇일까요? (그리고 그다음은…….)
- 상황이 달라졌다는 것을 처음으로 알아차릴 사람은 누구일까요?
- 가까운 주변인들(배우자, 파트너, 부모, 형제자매, 친구, 직장 동료 등)은 기적이 일어났고 상황이 달라졌거나 나아졌다는 것을 어떻게 알 수 있을까요?
- 이런 기적 같은 일이 순간, 혹은 일부라도 일어난 적이 있나요?
- 예외(Exceptions): 기적 질문에 이어, 치료사는 예외를 찾는 질문을 한다. 이는 문제가 발생하지 않았거나 문제가 최소한으로 발생했던 상황을 찾아보기 위한 질문이다.

모든 문제에는 예외가 있다. 예외가 발생한 순간들에 대해 주의를 기울이는 것은 중재에 있어 중요한 도구이다. 예외를 발견하는 것은 치료사가 문제를 해결해 주는 것이 아닌, 내담자 스스로 해결책을 찾을 수 있다는 자신감을 강조해 준다. 또한 문제를 다루기 위한 명확한 방향성을 제시해 준다. 더욱이 문제를 해결하기 위해 어떤 조치를 취해야 하는지 알려 준다.

info@solutions-centre.org[accessed 29th June 2021]

치료사는 다음과 같이 질문하여 예외를 탐색한다(각 문장에서 '코 끼리' 부분에 내담자의 문제를 대입한다). "코끼리가 없었던 때가 있었 나요? 그게 언제였나요? 그 당시에 대해 이야기해 주세요." "코끼리 를 거의 인식하지 못한 때가 있었나요? 그게 언제였나요? 그 당시에 대해 이야기해 주세요."

- 예외는 '작은 기적'으로 여겨진다. 예외를 찾아낸다(identify). / 예외를 탐구한다(explore). / 예외의 발생 빈도를 증가시킨다. / 예외의 발생을 칭찬하고 격려한다.

척도화(Scaling)

척도화 질문은 SFBT에서 가장 유용한 기술이다. 이는 0~10점 척 도를 이용하여 내담자와 생각, 감정 및 행동을 평가한다. 아울러 치 료사와 내담자가 함께 치료의 다음 단계를 결정하는 데 도움이 된 다. 척도화 질문의 예시는 다음과 같다.

- 코끼리가 당신의 삶에서 얼마나 큰 문제인가요? 0부터 10점 사 이에서 점수로 말해 주세요.
- 0부터 10까지의 척도에서, 몇 점 정도가 되면 코끼리가 더 이상 문제가 되지 않을 것 같나요?
- 0에서 10까지의 척도에서, 최근에는 코끼리가 얼마나 큰 문제

입니까?

- 코끼리의 크기를 0.5 또는 1.0만큼 낮추기 위해서는 무엇이 필요할까요?
- 점수를 낮게 유지하려면 어떻게 해야 할까요?

말더듬 성인에게 SFBT 적용하기

Turnbull과 Stewar(2017)는 SFBT를 말더듬 성인에게 적용하였다.

> 내담자 George는 '선호하는 미래'를 바라보기까지 평생 여러 해 동안 치료를 받아 왔다. SFBT 언어치료는 George가 원하는 것을 살펴보고 이를 달성할 수 있는 새로운 방법을 발견하는 데 도움이 되었다. '기적 질문'에 대답하는 과정을 통해 그가 원하는 것은 더 자신감 있고, 단호하며, 상호작용을 시작하는 데 덜 두려워하는 것이라는 것을 파악하였다. '예외'를 살펴본 결과, 실제로 그가 원하는 상황이 펼쳐졌던 순간이 있었다는 것을 보여 주었다. 다음은 '척도화' 기술로 미래의 목표에 더 가까워질 수 있는 작은 변화들을 계획하였다. 그는 여전히 말을 더듬더라도, 그의 말더듬이 그가 어떤 사람인지 결정하도록 내버려두지 않아도 된다는 것을 깨닫기 시작했다.
>
> (p. 13)

📖 참고문헌

Andrade, C. R. F., Sassi, F. C., Juste, F. S. & Ercolin, B. (2008). Quality of life of individuals with persistent developmental stuttering. *Pro-Fono Scientific Update Magazine, 20*(4), 219-224.

Blood, G. (1995). POWER: Relapse management with adolescents who stutter. *Language, Speech & Hearing Services in Schools, 26*, 169-180.

Bloodstein, O. & Bernstein Ratner, N. (2008). *A Handbook on Stuttering,* 6th edition. Clifton Park, NY: Thomson Delmar Learning.

Cooper, E. H. & Cooper, C. S. (1995). Treating fluency disordered adolescents. *Journal of Communication Disorders, 28,* 125-142.

Corcoran, J. A. & Stewart, M. (1998). Stories of stuttering: A qualitative analysis of interview narratives. *Journal of Fluency Disorders, 23,* 247-264.

Craig, A., Blumgart, E. & Tran, Y. (2009). The impact of stuttering on the quality of life in adult people who stutter. *Journal of Fluency Disorders, 34,* 61-71.

Craig, A. & Tran, Y. (2006). Chronic and social anxiety in people who stutter. *Advances in Psychiatric Treatment, 12,* 63-68.

Crichton-Smith, I. (2002). Communicating in the real world: Accounts from people who stammer. *Journal of Fluency Disorders, 27,* 333-352.

Daly, D., Simon, C. A. & Burnett-Stolnack, M. (1995). Helping adolescents who stutter focus on fluency. *Language, Speech & Hearing Services in Schools, 26,* 162-168.

Everard, R. (2019). Making a difference: Developing the evidence base for stammering modification. *Signal, 52,* 16-17.

Klompas, M. & Ross, E. (2004). Life experiences of people who stutter, and the perceived impact of stuttering on quality of life: Personal accounts of South African individuals. *Journal of Fluency Disorders, 29*(4), 275-305.

Koedoot, C., Bouwmans, C., Franken, M. C. & Stolk, E. (2011). Quality of life in adults who stutter. *Journal of Communication Disorders, 44*(4), 429-43.

Menzies, R., Onslow, M. & Packman, A. (1999). Anxiety and stuttering: Exploring a complex relationship. *American Journal of Speech & Language Pathology, 8*(1), 3-10.

Van Riper, C. (1973). *The Treatment of Stuttering.* Englewood Cliffs, NJ: Prentice-Hall, Inc.

Watson, J. (1995). Exploring the attitudes of adults who stutter. *Journal of Communication Disorders, 28,* 143-164.

Williams, D. (1957). A point of view about 'stuttering'. *Journal of Speech & Hearing Disorders, 22*(3), 390-397.

• MINDFULNESS

Baer, R. A., Smith, G. T. & Allen, K. B. (2004). Assessment of mindfulness by self-report: *The Kentucky Inventory of Mindfulness Skills Assessment, 11,* 191-206.

Boyle, M. P. (2011). Mindfulness training in stuttering therapy: A tutorial for speech-language pathologists. *Journal of Fluency Disorders, 36*(2), 122-129.

Brocklehurst, P. Mindfulness and stuttering: How can mindfulness help? www.stammeringresearch.org/mindfulness. pdf [Accessed May 2021].

Cheasman, C. (2013). A mindful approach to stammering. In C. Cheasman, R. Everard & S. Simpson (eds.), *Stammering Therapy from the Inside.* Guildford: J & R Press.

Cheasman, C. (2021). Integrating mindfulness into therapy with people who stammer. In T. Stewart (ed.), *Stammering Resources for Adults and Teenagers: Integrating New Evidence into Clinical Practice.* London: Routledge, Taylor & Francis Group.

Fairburn, C. G., Cooper, Z., De Veer, S., Brouwers, A., Evers, W. & Tomik, W. (2009). A pilot study of the psychological impact of the mindfulness-based stress reduction program on persons who stutter. *European Psychotherapy, 9,* 39-56.

Kabat-Zinn, J. (1994). *Wherever You Go, There You Are.* New York: Hyperion.

Kabat-Zinn, J. (2005). *Coming to Our Senses.* New York: Hyperion.

Segal, Z. V., Williams, J. M. G. & Teasdale, J.D. (2002). *Mindfulness Based Cognitive Therapy for Depression: A New Approach to Preventing Relapse.* New York: Guilford.

📖 기타 참고 자료

Cheasman, C. Mindfulness and its relevance to stammering – City Lit London UK National Centre for Work with Adults Who Stammer. www.ecsf.eu/userfiles/files/Cheasman.

Silverman, E.M. (2012). *Mindfulness & Stuttering: Using Eastern Strategies to Speak with Greater Ease.* North Charleston, SC: CreateSpace. www.stutteringtreatment.org/blog/mindfulness-for-people-who-stutter-4-guided-meditations.

• ACCEPTANCE AND COMMITMENT THERAPY

Beilby, J. M. & Byrnes, M. L. (2010a). *Effectiveness of a Mindfulness-Based Acceptance and Commitment Therapy to Improve Quality of Life of Adults Who Stutter.* Presentation at the European Symposium of Fluency Disorders Antwerp, Belgium.

Beilby, J. M. & Byrnes, M. L. (2010b). *Evaluation of the Effectiveness of a Mindfulness and Acceptance Group Program to Improve Communication Fears, Experiential Avoidance and Quality of Life of Adults Who Stutter.* Presentation at the Speech Pathology Australia National Conference, Melbourne, Australia.

Beilby, J. M. & Byrnes, M. L. (2012). Acceptance and commitment therapy for people who stutter. *Perspectives on Fluency and Fluency Disorders, 22*(1), 34–46.

Beilby, J. M., Byrnes, M. L. & Yaruss, J. S. (2012). Acceptance and commitment therapy for adults who stutter: Psychosocial adjustment and speech fluency. *Journal of Fluency Disorders, 37*, 289-299.

Byrnes, M., Hart, M., Beilby, J., Blacker, D. & Schug, S. (2010). *Effectiveness of Acceptance and Commitment Therapy Group Program for Individuals Post Spinal Cord Injury and Stroke and People Who Stutter: Similarities and Differences.* Presentation at the 4th Australian & New Zealand Conference` of Acceptance and Commitment Therapy South Australia, Australia.

Cheasman, C. (2021). Integrating mindfulness into therapy with people who stammer. In T. Stewart (ed.), *Stammering Resources for Adults and Teenagers: Integrating New Evidence into Clinical Practice.* London: Routledge, Taylor & Francis Group.

Everard, R. & Cheasman, C. (2021). Integrating ACT into stammering therapy. In T. Stewart (ed.), *Stammering Resources for Adults & Teenagers: Integrating New Evidence into Clinical Practice.* London: Routledge, Taylor & Francis Group.

Flaxman, P. E., McIntosh, R. & Oliver, J. (2019). *Acceptance and Commitment Training (ACT) for Workplace Settings: Trainer Manual.* London: University of London.

Harris, R. (2009). *ACT Made Simple.* Oakland, CA: New Harbinger Publications Inc.

Plexico, L., Manning, W. H. & Di Lollo, A. (2005). A phenomenological understanding of successful stuttering management. *Journal of Fluency Disorders, 30*(1), 1-22.

Plexico, L., Manning, W. H. & Levitt, H. (2009). Coping responses by adults who stutter: II. Approaching the problem and achieving agency. *Journal of Fluency Disorders, 34*, 108-126.

Yaruss, Y. (2012). What does it mean to say that a person 'accepts' stuttering? In P. Reitzes & D. Reitzes (eds.), *Stuttering: Inspiring Stories & Professional Wisdom.* Chapel Hill, NC: StutterTalk

Publication No 1.

📖 기타 참고 자료

Cheasman, C., Simpson, S. & Everard, R. (2015). Acceptance and speech work: The challenge. Presentation at the 10th Oxford Dysfluency Conference, Oxford. *Procedia-Social and Behavioral Sciences, 193,* 72-81.

Tyndall, I. Growing a beautiful new shell for all to see. *Stamma website British Stammering Association* [Accessed May 2021].

www.actmindfully.com.au

www.thehappinesstrap.com

• PERSONAL CONSTRUCT PSYCHOLOGY AND THERAPY

Dalton, P. (1983). Psychological approaches to the treatment of stuttering. In P. Dalton (ed.), *Approaches to the Treatment of Stuttering*. London: Croom Helm.

Dalton, P. (1994). *Counselling People with Communication Problems*. London: Sage Publications.

DiLollo, A., Neimeyer, R. & Manning, W. (2002). A personal construct psychology view of relapse: Indications for a narrative therapy component to stuttering treatment. *Journal of Fluency Disorders, 27*(1), 19-42.

Evesham, M. & Fransella, F. (1985). Stuttering relapse: The effect of a combined speech and psychological reconstruction programme. *British Journal of Disorders of Communication, 20,* 237-248.

Evesham, M. & Huddleston, A. (1983). Teaching stutterers the skill of fluent speech as a preliminary to the study of relapse. *British Journal of Disorders of Communication, 18,* 31-38.

Fransella, F. (1972). *Personal Change and Reconstruction*. London:

Academic Press.

Fransella, F. & Dalton, P. (1990). *Personal Construct Counselling in Action*. London: Sage Publications.

Hayhow, R. & Levy, C. (1989). *Working with Stuttering*. Bicester, UK: Winslow Press.

Kelly, G. A. (1955). *The Psychology of Personal Constructs: Vol. 1*. New York: Norton.

Stewart, T. (1996). Good maintainers and poor maintainers: A personal construct approach to an old problem. *Journal of Fluency Disorders, 21*, 22-48.

Stewart, T. & Birdsall, M. (2001). A review of the contribution of personal construct psychology to stammering therapy. *Journal of Constructivist Psychology, 14*, 215-226.

Stewart, T. & Brosh, H. (1997). The use of drawings in the management of adults who stammer. *Journal of Fluency Disorders, 22*(1), 35-50.

Williams, R. (1995). Personal construct theory in use with people who stutter. In M. Fawcus (ed.), *Stuttering from Theory to Practice*. London: Whurr Publishers.

• COGNITIVE BEHAVIOURAL THERAPY

Andrew, G. & Craig, A. (1982). Stuttering: Overt and covert assessment of the speech of treated subjects. *Journal of Speech and Hearing Disorders, 47*, 96-99.

Bennet-Levy, J., Westbrook, D., Fennell, M., Cooper, M., Rouf, K. & Hackman, A. (2004). Behavioural experiments: Historical and conceptual underpinnings. In J. Bennett-Levy, G. Butler, M. Fennell, A. Hackman, M. Mueller & D. Westbrook (eds.), *Oxford Guide to Behavioural Experiments in Cognitive Therapy*. Oxford: Oxford University Press.

Blood, G. W. (1995). A behavioral-cognitive therapy program for adults who stutter: Computers and counseling. *Journal of Communication Disorders, 28*(2), 165-180.

Craig, A. & Andrews, G. (1985). The prediction and prevention of relapse in stuttering. The value of self-control techniques and locus of control measures. *Behavior Modification, 9*, 427-442.

Craig, A. & Tran, Y. (2006). Chronic and social anxiety in people who stutter. *Advances in Psychiatric Treatment, 12*, 63-68.

Howie, P. M., Tanner, S. & Andrews, G. (1981). Short and long term outcomes in an intensive treatment program for adult stutterers. *Journal of Speech & Hearing Disorders, 46*, 104-109.

Iverach, L., Rapee, R. M., Wong, Q. J. J. & Lowe, R. (2017). Maintenance of social anxiety in stuttering: A cognitive-behavioral model. *American Journal of Speech-Language Pathology, 26*(2), 540-556.

Langevin, M., Huinck, W., Kully, D., Peters, H., Lomheim, H. & Tellers, M. (2006). A cross-cultural, long-term outcome evaluation of the ISTAR Comprehensive Stuttering Program across Dutch and Canadian adults who stutter. *Journal of Fluency Disorders, 31*, 229-256.

Maxwell, D. (1982). Cognitive and behavioral self-control strategies: Applications for the clinical management of adult stutterers. *Journal of Fluency Disorders, 7*, 403-432.

Menzies, R. G., O'Brian, S., Onslow, M., Packman, A., St Clare, T. & Block, S. (2008). An experimental clinical trial of a cognitive-behavior therapy package for chronic stuttering. *Journal of Speech Language, & Hearing Research, 51*(6), 1451.

Menzies, R. G., Onslow, M., Packman, A. & O'Brian, S. (2009). Cognitive behavior therapy for adults who stutter: A tutorial for speech-language pathologists. *Journal of Fluency Disorders, 34*, 187-200.

Plexico, L., Manning, W. H. & Di Lollo, A. (2005). A phenomenological understanding of successful stuttering management. *Journal of Fluency Disorders, 30*(1), 1-22.

St Clare, T., Menzies, R. G., Onslow, M., Packman, A., Thompson, R. & Block, S. (2009). Unhelpful thoughts and beliefs linked to social anxiety in stuttering: Development of a measure. *International Journal of Language & Communication Disorders, 44*(3), 338-351.

Turnbull, J. & Stewart, T. (2017). *The Dysfluency Resource Book,* 2nd edition. London: Routledge, Taylor & Francis Group.

📖 기타 참고 자료

Butler, G. & Hope, T. (1995). *Manage Your Mind: The Mental Fitness Guide.* Oxford: Oxford University Press.

• NARRATIVE PRACTICE

Bruner, J. S. (2004). Life as narrative. *Social Research, 71*(1), 691-711.

De Shazer, S. (1985). *Keys to Solution in Brief Therapy.* New York: Norton.

DiLollo, A., Neimeyer, R. & Manning, W. (2002). A personal construct psychology view of relapse: Indications for a narrative therapy component to stuttering treatment. *Journal of Fluency Disorders, 27*(1), 19-42.

Leahy, M. M., O'Dwyer, M. & Ryan, F. (2012). Witnessing stories: Definitional ceremonies in narrative therapy with adults who stutter. *Journal of Fluency Disorders, 37*(4), 234-241.

Logan, J. (2013). New stories of stammering: A narrative approach. In C. Cheasman, R. Everard & S. Simpson (eds.), *Stammering Therapy from the Inside: New Perspectives on Working with Young People and Adults.* Guildford: J & R Press Ltd.

Neimeyer, R. A. (1995). Constructivist psychotherapies: Features, foundations, and future directions. In R.A. Neimeyer & R.J. Mahoney (eds.), *Constructivism in Psychotherapy*. Washington, DC: American Psychological Association.

O'Dwyer, M. & Ryan, F. (2021). Narrative practice: Identifying and changing problem stories about stammering. In T. Stewart (ed.), *Stammering Resources for Adults and Teenagers: Integrating New Evidence into Clinical Practice*. London: Routledge, Taylor & Francis Group.

O'Dwyer, M., Walsh, I. P. & Leahy, M. M. (2018). The role of narratives in the development of stuttering. *American Journal of Speech & Language Pathology, 27*(3), 1164-1179.

White, M. (2007). *Maps of Narrative Practice*. New York: Norton.

White, M. & Epston, D. (1990). *Narrative Means to Therapeutic Ends*. New York: Norton.

📖 기타 참고 자료

https://dulwichcentre.com.au/. This is the website for The Dulwich Center in Adelaide Australia, founded by Michael White. The website includes resources and free online training.

Morgan, A. (2000). *What Is Narrative Therapy?* Adelaide: Dulwich Centre Publications.

Ryan, F. (2018). *Stories from the Other Side: Outcomes from Narrative Therapy for People Who Stutter*. Unpublished thesis.

• SOLUTION-FOCUSED BRIEF THERAPY

Berg, I. K. & De Shazer, S. (1993). Making numbers talk: Language in therapy. In S. Friedman (ed.), *The New Language of Change: Constructive Collaboration in Psychotherapy*. New York: Guilford Press.

De Jong, P. & Berg, K. I. (2012). *Interviewing for Solutions,* 4th edition. Belmont, CA: Cengage Learning, Brooks/Cole.

De Shazer, S. (1985). *Keys to Solution in Brief Therapy.* New York: Norton.

De Shazer, S. (1988). *Clues: Investigating Solutions in Brief Therapy.* New York: Norton.

Ratner, H., George, E. & Iveson, C. (2012). *Solution Focused Brief Therapy: 100 Key Points & Techniques.* London: Routledge, Taylor & Francis Group.

Watzlawick, P., Weakland, J. H. & Fisch, R. (1974). *Change: Principles of Problem Formation and Problem Solution.* New York: Norton.

📖 기타 참고 자료

Burns, K. (2006). *Focus on Solutions: A Health Professional's Guide.* London: Wiley. info@solutions-centre.org.

De Shazer, S. (1994). *Words Were Originally Magic.* New York: Norton.

효과 유지 및 역할,
행동 재출현을 대비하는 계획 수립

[참고: 애초에 이 장은 '치료' 파트에 포함하려다가('5장' 참조), 변화의 가장 중요한 단계 중 하나이기 때문에 개별 파트로 분리하였다.]

정의

대부분의 교재에서는 이 단계를 재발(relapse)이라고 정의할 것이다. 그러나 여기에서는 최대한 의학 용어 사용을 피하고자 한다. 재발은 특정 의학적 의미를 가지고 있기 때문이다. 말더듬 성인의 경우 이 단계는 여러 형태로 나타날 수 있는데, 인지, 정서, 행동 측면에서 이미 달성했던 치료 효과가 사라지는 것을 의미한다. 이 기간은 짧거나 길 수 있으며, 종종 좌절감이나 더욱 중대한 정서적 반응을 유발한다.

87 이러한 어려운 기간을 어떻게 알아챌 수 있는가

이전의 치료 효과가 사라지는 기간이 있을까? 퇴행이 발생하였다는 것은 자신이 가장 잘 안다. 이는 자신의 현재 상태와 이전 또는 원하는 상태에서의 만족감을 비교해 보면 알 수 있다.

88 배경

치료적 개입 이후 이전 상태로 돌아가는 경험을 하는 말더듬 성인의 수치를 정량화하기는 어렵다(Craig, 1998). 기존 문헌에서의 다양한 추정치를 살펴보면, 객관적인 평가를 사용한 Boberg 및 Kully(1994)는 23%, Howie 등(1981)은 30~60%를 보고하였으며, Craig 및 Hancock(1995)은 자체 보고를 기반으로 73%로 발표하였다. 이토록 수치가 다양한 이유는 치료효과가 퇴행하는 시기가 주기적으로 반복되기 때문일 수 있다. 109명의 말더듬 성인을 대상으로한 연구에서, 연간 평균 세 번의 퇴행(backset)이 보고되었으며, 발생기간은 1주에서 5개월까지 다양했다(Craig & Hancock, 1995). 여기서 중요한 점은 이러한 시기가 대부분의 말더듬 성인에게 발생한다는 것이다. Van Riper(1973)는 다음과 같이 썼다.

재발(relapse)과 완화(remissions)는 규칙이다. 예외가 아니다.

(p. 178)

이는 사람이 변화를 하는 과정에서 정상적으로 발생한다. 따라서 치료 과정에서 계획되고 관리되어야 한다.

89 유지 및 치료에서의 순위

Van Riper(1973)는 말더듬 성인 치료를 일련의 단계로 구조화하였다(p. 205).

- 확인(Identification)
- 둔감화(Desensitization)
- 수정(Modification)
- 안정화(Stabilization)

마지막 단계는 '유지 관리'로도 불리며, Van Riper는 이 단계에서 회피와 투쟁 반응의 강도를 관리해야 한다고 주장하였다. "이 단계에서 회피와 투쟁은 '놀랍도록 저항성이 강하다.'"라고 언급하였다 (p. 350). 이 단계의 주요 목표는 유창성 증진을 유지하는 것이다. 그러나 이외에도 말더듬 성인의 자아 개념 및 변화에 대한 다른 사람들의 반응을 관리할 필요성을 함께 언급하였다. 안정화 단계에서는 다음과 같은 활동을 한다.

- 치료 및 진행 상황 검토
- 말더듬 성인은 경험 일지를 기록
- 예상되는 문제를 나열하고 해결책 작성
- 청자가 부정적인 반응을 보이는 경우에 대비책 설계
- 긍정적인 사고 개발하기
- 화자 역할에서 자아 재구성
- 말더듬 성인이 자신의 치료사가 되도록 전환
- 공식적인 치료 종료

통합적 전략으로 퇴행 관리하기

근래에는 퇴행을 관리하는 인식이 앞서 설명된 절차로부터 상당히 발전했다. 유지 관리의 어려움은 변화 과정의 정상적인 부분으로 받아들여지고 있다. 따라서 Van Riper가 나열한 절차를 포함하여 치료 전반에 걸쳐 지속적으로 치료 과정에서 다루어진다. 첫 번째 회기에서부터 내담자가 이상적인 결과를 유지하는 데 중요하다고 생각하는 정보나 아이디어를 기록할 수 있는 페이지를 준비해 놓을 것을 제안한다. 이 과정은 '더 쉽게 말더듬기' '더 유창하게 말하기' '자신 있게 말더듬기' 또는 심리적 변화 등 모든 접근법을 망라하여 적용할 수 있다.

91 치료 성과를 유지하기 위해 필요한 것

Plexico 등(2005)은 질적 연구에서 일곱 명의 말더듬 성인을 인터뷰하여 말더듬 경험과 변화 과정을 탐구했다. 개별 인터뷰에서 말더듬 관리의 성공 및 실패와 관련된 주제를 분석했다. 성공적인 관리와 관련된 주제는 다음과 같았다.

- 지속적인 관리
- 자기 수용과 두려움 감소
- 자유로운 상호작용
- 해방감
- 낙관주의

성공적인 말더듬 관리는 삶에 대해 낙관적이고 긍정적으로 해석한다는 특징을 보인다. 계속 말더듬을 관리해야 한다는 사실에도 불구하고, 말더듬이 더 이상 중요한 주제가 아니다. 성취한 것에 대해 감사함을 느낀다. 더 중요한 주제는 더 이상 말더듬이나 예기 불안, 두려움에 의해 내 삶이 제한되지 않는다는 것을 깨닫는 것이다. 말과 행동에 대한 자유로움이 뚜렷하게 느껴진다.

(p. 16)

92 유지 전략

말더듬 성인은 치료 과정을 거치면서 본인이 원하는 결과를 유지하는 데 필요한 전략이나 도구를 수집한다. 각 단계에서 말더듬 성인은 자신의 전략 기술을 개발한다. 예를 들어, 확인 단계('제7장 Point 64' 참조)에서 말더듬 양상과 생활 습관(예: 스트레스 수준, 수면 부족)의 상관관계를 파악하고 모니터링하는 능력을 개발할 수 있다. 둔감화 활동('제5장 Point 49' 참조)에서는 친구와 직장 동료에게 말더듬에 대해 솔직하게 얘기하는 것이 유익하다는 것을 발견했을 수 있다. 이에 따라 말더듬 성인은 대화 중에 주기적으로 자신의 말더듬을 언급하는 것을 중요한 전략으로 삼게 된다. 한편으로는 말더듬 현상을 변호하기 위해 상황에 따라 단호하게 의사를 표현하는 방법을 추가할 수도 있다('제5장 Point 48' 및 '8장 Point 75' 참조).

목표
필요에 따라 개인 맞춤형 전략집을 만드는 것을 목표로 할 수 있다. 또한 치료가 끝난 후에도 이 전략을 지속적으로 사용하도록 한다. 전략은 유연해야 한다. 예를 들어, 각각의 구체적인 문제에 대한 일대일 행동 지침을 따르는 것보다는 문제 해결 또는 솔루션 중심적인 방식이 바람직하다. 또한 인지, 감정 및 행동 측면을 포괄적으로 관리하는 통합적인 접근 방식을 반영해야 한다.

내용

나만의 '말더듬 전략집'을 작성하는 것은 어려운 작업일 수 있다. 말더듬 성인은 전략집의 내용이 포괄적이고 세부 사항을 자세하게 작성해야 하기 때문에 압도당하는 느낌을 받을 수 있다. 전략집 작성을 지원하기 위해 다른 내담자가 작성한 도구 상자의 예시(익명 처리할 것)를 제공할 수 있다. 또는 치료사가 제목 목록 가이드를 제공할 수 있다. 예를 들면 다음과 같다.

- 매일 사용하는 전략
- 매주 사용하는 전략
- 가끔 사용하는 전략
- 규칙적으로 연습하기 위한 전략
- 특정 상황을 위한 전략

또는 〈표 10-1〉의 템플릿을 활용할 수 있다.

〈표 10-1〉 **전략집 템플릿**

전략	행동	감정	생각
매일			
매주			
가끔			
규칙적인 연습			
호전된 상황일 때			
악화된 상황일 때			
특정한 상황			
다른 사람에게 도움받기			
기타			

출처: Turnbull & Stewart (2017)

내담자 Emma는 자신만의 템플릿을 개발하였다. 이 전략집은 지속적인 유지 관리에 매우 유용하였다. 전략집의 일부를 〈표 10-2〉에 제시하였다. 전체 버전은 Turnbull과 Stewart(2017)를 참조하기 바란다.

〈표 10-2〉 **Emma의 도구 상자(전략집) 예시**

	좋은 날	매일	안 좋은 날
눈맞춤	낯선 사람과 대화할 때 말을 더듬더라도 눈 맞추기	대화를 시작할 때나 대화 중에 편안하게 눈 맞추기	눈 맞춤을 기억하기, 미간 쳐다보기
릴렉스	잠시 멈춤	생각 모으기	3분 심호흡
나 자신 드러내기	항상 자신 있게!	상대방에게 나를 소개할 때: 말더듬을 먼저 언급하고 이름 말하기	의지할 수 있는 사람과 이야기하기
긍정적인 생각	도움되지 않는 생각 없애기	도움되지 않는 생각을 도움되는 생각으로 바꾸기	생각하기: 기분이 나아지려면 뭘 해야 할까? 객관적으로 생각하기, 정신 차리기!

Emma는 '좋은 날, 매일, 안 좋은 날'로 구분하는 방법 외에도 연습 계획과 특정 상황(예: 전화 통화)에 대처하는 방법에 대해서도 작성하였다.

93 마무리

전략집을 완성하고 나면 이를 치료를 종료하는 세레머니로 사용할 수 있다. 말더듬 성인은 전략집을 치료사에게 또는 (그가 그룹치료에 참여하고 있는 경우) 그룹 내 다른 내담자들에게 소리 내어 읽는다.

또한 가까운 주변인들을 초대하여 미래 전략에 대한 설명을 하고, 일부는 그들에게 어떤 역할을 기대할 수도 있음(즉, 일부 도움이나 지원이 필요할 수 있음)을 알릴 수 있는 기회가 된다. 마지막으로, 치료 과정에서 무엇을 성취했는지 요약해서 발표한다. 만약 허락한다면, 나중에 다른 사람들에게 보여 주는 예시로 사용할 수 있다. 해당하는 경우, 나중에 검토를 하기 위한 회기를 진행할 때 자료로 사용할 수 있다.

참고문헌

Boberg, E. & Kully, D. (1994). Long-term results of an intensive treatment program for adults and adolescents who stutter. *Journal of Speech & Hearing Research, 37*, 1050-1059.

Craig, A. R. (1998). Relapse following treatment for stuttering: A critical review and correlative data. *Journal of Fluency Disorders, 23*, 1-30.

Craig, A. R. & Hancock, K. (1995). Self-reported factors related to relapse following treatment for stuttering. *Australian Journal of Human Communication Disorders, 23*, 48-60.

Howie, P. M., Tanner, S. & Andrews, G. (1981). Short-and long-term outcomes in an intensive treatment program for adult stutterers. *Journal of Speech & Hearing Disorders, 46*, 104-109.

Plexico, L., Manning, W. H. & DiLollo, A. (2005). A phenomenological understanding of successful stuttering management. *Journal of Fluency Disorders, 30*, 1-22.

Turnbull, J. & Stewart, T. (2017). *The Dysfluency Resource Book,* 2nd edition. London: Routledge, Taylor & Francis Group.

Van Riper, C. (1973). *The Treatment of Stuttering.* Englewood Cliffs, NJ: Prentice-Hall, Inc.

100 지원 네트워크

94 배경

말더듬으로 인한 영향은 화자 혼자에게만 일어나는 것이 아니다. 말더듬 성인은 가족, 형제자매, 파트너, 자녀, 친구, 동료 등을 포함하는 네트워크의 일부이다. 그의 말더듬은 이들과의 사회적 상호 관계에서 발생할 것이다. 따라서 말더듬 성인의 삶에서 중요한 가까운 주변인들은 그의 변화 과정에 연루될 가능성이 높다. 말더듬과 이에 대한 말더듬 성인의 정서적 및 인지적 반응에 의해 주변인들도 어떤 식으로든 영향을 받는다.

95 변화의 요인이 되는 가까운 지인들

말더듬치료 과정에서 가까운 지인들이 중요한 역할을 한다는 증거는 많다. Boberg와 Kully(1985)는 배우자가 치료에 참여하면 변화에 중요한 역할을 한다고 밝혔다. Boberg와 Boberg(1990)는 파트너가 치료에 적극적으로 참여하면 훨씬 치료 효과가 좋다는 것을 관찰하

가족이나 파트너 등이 치료에 얼마나 중요한 역할을 하는지 더 일찍 알았더라면 좋았을 것이다.
– Jeanette Zammit
(사적 대화 중에서, 2021)

였다. Corcoran과 Stewart(1998)는 지지적인 관계가 전체 치료 경험에 유익하다는 것을 보여 주었다. 또한 말더듬 성인과 그들의 파트너와의 대화에서 파트너는 성공적인 상호작용에서 중요한 촉진자 역할을 하였다(Hughes, et al., 2010).

마지막으로, 말더듬 성인이 있는 가정에서 자녀는 어떤 역할을 할까? Boberg는 말더듬에 대해 언급하는 것을 암묵적으로 금기하는 것보다 자녀를 포함한 모든 가족 구성원에게 말더듬에 대해 공개하는 것이 긍정적인 결과를 가져온다는 것을 입증했다. 자녀가 관찰자나 대화 파트너로서 치료에 참여하는 것이 유익하였다. 이러한 모든 증거는 말더듬 성인의 치료 과정에 가까운 주변인을 포함시키는 것이 중요하다는 것을 나타낸다.

96 가까운 주변인의 치료 참여에 대한 핵심

가족 구성원을 말더듬치료에 포함시키는 것이 유용한지 혹은 필수적인지 알고 싶었다.
– Jo Van der Sypt
(사적 대화 중에서, 2021)

앞서 언급한 바와 같이, 특정 상황에서 내담자를 돕는 가장 좋은 방법을 확신하지 못하는 치료사에게 꼭 하고 싶은 말은 "말더듬 성인에게 직접 물어보라."는 것이다. 그들이 자신의 가까운 주변인들로부터 어떻게 지원받기를 원하는지 상세한 대화를 나누고 그에 따라 지원을 구축한다. 예를 들어, 말더듬 성인이 가족으로부터 받은 지원에 대해 조사한 연구(Hughes, 2007)에 따르면, 말더듬 성인은 가족으로부터 상당한 양의 '표면적'

지원을 받았다. 그러나 이 연구에서 많은 말더듬 성인은 사실 다른 형태의 지원을 원한다고 보고했다. 그들은 특히 정서적 측면에서 가족 내에서 말더듬에 대해 공개적으로 이야기하기를 원했다. 치료에 참여하는 경우, 가정에서 치료에 관해서도 편안한 대화의 주제로 삼고 싶어 했다.

> 참여자들은 가족 구성원이 자신이 원하는 바를 이해하고 말더듬 주제에 대해 함께 대화하기를 원했다. 마지막으로, 참여자들은 가족 구성원이 그들의 말을 듣는 방법을 배우고, 말더듬과 관련된 감정을 함께 이야기하는 것이 중요하다고 느꼈다.
>
> (p. 28)

따라서 가까운 주변인들이 적절하게 참여할 수 있도록 치료 과정에서 여러 가지 조치를 취할 필요가 있다. 내담자의 변화의 성격을 고려하고 목표를 설정한 후, 치료사는 다음과 같은 절차를 진행할 수 있다.

- 가까운 주변인 중 누구를 치료 과정에 포함시키고 싶은지, 그리고 어떻게 포함시킬 것인지 내담자와 논의한다.
- 가까운 주변인을 말더듬 성인과 치료사와의 회의에 초대한다. 치료 목표와 변화의 의미에 관해 간략하게 설명한다. 가까운 주변인이 치료 과정에 어떤 방법으로 참여할지 논의한다. 필요시 추후에 다시 논의한다(여러 가족 구성원과 자녀가 과정에 포함되는 경우 치료사는 가정 방문을 고려할 수 있다. 가족에게 더 편안한 상황이 되고, 치료사가 말더듬 성인의 치료 맥락을 더 잘 이해할 수 있다는 이점이 있다).

- 진행 상황을 평가하고, 문제를 해결하거나 해결 중심 접근법으로 중재한다. 긍정적인 결과를 확인하기 위해 정기적인 미팅 일정을 잡는다.
- 그룹치료의 경우, 가까운 주변인들이 편한 시간에 참석할 수 있도록 안내할 수 있다. 또는 정기적으로 가까운 주변인을 포함하는 특정 회기를 마련하고 해당 회기를 위한 특별 활동을 계획할 수 있다. Turnbull과 Stewart(2017)는 가까운 주변인과 그룹 구성원에게 몇 가지 진술에 대해 토의하는 시간을 제안한다. Sheehan의 접근-회피 이론에 기반한 활동이다. 예를 들면, 우리가 말더듬이라고 생각하는 현상은 사실 대부분 그것을 숨기기 위해 사용하는 속임수와 전략까지 포함한다. 일시적으로는 말더듬을 숨기는 것이 가능하겠지만 속임수를 사용하는 것보다 개방적이고 솔직하게 말을 더듬는 것이 훨씬 낫다. 말을 더듬는 사람으로 진정한 본인을 받아들이면 더 정직하고 편안한 길을 선택하게 된다. 말더듬에서 도망칠수록 더 말을 더듬게 된다. 개방적이고 용감할수록 좋은 의사소통을 발전시킬 수 있다 (p. 216).

가까운 주변인과의 모든 의사소통에서 말더듬을 터부시하지 않고 투명하게 소통하는 것이 중요하다. 따라서 치료사와 가까운 주변인 사이에서 나눈 모든 대화, 이메일, 전화 통화 등은 말더듬 성인이 참여하거나 인지할 수 있게끔 한다.

말더듬의 또 다른 측면

말더듬 성인의 말더듬은 가까운 주변인에게 어떤 영향을 미치는 가? 이 분야의 초기 연구 중 하나에서, Boberg와 Boberg(1990)는 말더듬 성인의 배우자가 남편 혹은 아내의 말더듬으로 인해 어떻게 영향을 받았는지 연구했다. 참여자는 말더듬의 정서적 영향과 결혼 전과 결혼식 당일에 특히 두드러지는 불안이 있다고 보고하였다. Beilby 등(2013)은 20대에서 60대까지의 스무 쌍의 부부를 연구하였다. 연구 목표는 다음과 같았다.

> (a) 부부 중 한 명이 말을 더듬을 때, 두 명 부부 각각의 경험과 테마를 조사하고, (b) 말더듬이 그들의 삶에 미치는 영향에 대해 파트너들이 다른 경험을 가지고 있는지 조사한다.
>
> (p. 14)

이 연구의 주요 발견은 임상에 중요한 의의를 가진다.

- 말더듬 성인과 파트너는 말더듬을 보는 방식, 즉 말더듬에 대한 지식, 개인적 반응 및 말더듬이 의사소통에 미치는 영향에 대해 일치하게 보고하였다.
- 참가자들은 말더듬의 반응에 관한 삶의 경험을 공유했다. 절반에 가까운 파트너 참여자가 이 말을 할 때 '과잉보호(overprotection)'와 '고통(anguish)'을 느꼈다.
- 부부는 말더듬을 수용하고 이를 관계에서 장애물로 보지 않는 다고 언급했다.
- 정직과 성실은 부부 관계의 중요한 특징으로 논의되었다.

- 언어치료 과정에서의 복잡하고 정교한 변화에서 배우자의 의견이 반영되었다.
- 파트너는 자신이 제공한 지원 유형을 설명했다. 대화 중 목표 단어를 제공하거나 말더듬 성인이 압박 없이 자신을 표현할 때까지 인내심을 갖고 기다리는 등 다양했다.

Linn과 Caruso(1998)는 Rolland(1994)를 인용하며, 말더듬은 마치 만성 질환처럼 작용하며, 가까운 관계의 세 번째 구성원이 된다고 표현하였다. 말더듬은 일상 활동에 영향을 미친다. 예를 들어, 레스토랑이나 카페에서 누가 주문을 할지, 누가 집 전화를 받을지, 이웃과 누가 대화할지 영향을 미칠 수 있다. 치료에서 진전을 보이는 말더듬 성인은 과거에 피했던 행동을 수행하기를 원하고 실제로 해 보기로 결정할 수 있다. 이는 수년 동안 확립된 암묵적인 역할 관계의 균형을 깨뜨릴 것이다. 예를 들어, Ethan은 자신의 의사소통에 더 자신감이 생기면서, 레스토랑에서 자신의 메뉴를 직접 주문하고 직접 전화 통화를 하기 시작했다. 이는 놀라운 일이었지만 한편으로 배우자는 그동안 자신이 해 왔던 역할이 위협받고 있다고 느꼈다. 따라서 변화와 변화로 인한 영향에 대해 초기부터 논의되어야 한다. 치료 과정에서 가까운 주변인과의 역할 및 부부 관계에 미치는 영향을 지속적으로 논의해야 한다.

> 특히 말더듬과 같은 문제를 논의할 때, 부부의 관계는 의사소통, 이해, 신뢰 구축을 통해 더 강해진다.
>
> (Linn & Caruso, 1998, p. 14)

사례

40대 건설 노동자인 Mitch는 스스로 언어치료를 받기로 했다. 그는 '거 있잖아(you know),' '어(erm),'와 같은 소리로 문장을 채우거나 단어를 반복하는 등 겉으로 드러나는 측면에서는 경미한 말더듬 증상을 보인다. 그러나 실제로는 내면적인 어려움이 훨씬 컸다. 그의 회피행동은 일상적인 상호작용에서 항상 영향을 미칠 만한 심각한 수준이었다.

예를 들면 다음과 같다.

- 지연 전략 사용(예: 상대방의 대화 내용을 잊어버린 척하기, 시간을 벌기 위해 대화 상대에게 반복해서 말해 달라고 요청하기, 문장을 시작하는 특정한 구절 사용하기, 기침하기, 웃기, 목청 가다듬기, 코를 긁거나 훌쩍거리기 등)
- 언어적으로 변형하기[예: 단어 바꾸기, 문장 순서 바꾸기, 우회적인 표현 사용하기(에두르기)]
- 주의 분산 전략 사용(예: 자신을 꼬집기, 욕설하기, 언성 높이기, 글자를 쓰면서 말하기)
- 특정 상황에 대처하는 전략(예: 휴대전화로 통화할 때 막힘이 발생하면 통신장애 탓으로 돌리기, 가게 카운터에 대기 줄이 길면 주문 포기하기, 카페에서는 가장 발음이 어려운 음료를 먼저 주문하기)

무엇보다 가장 큰 회피는 20년 동안 아내와 딸에게 말더듬에 대해 이야기하지 않은 것이었다. 그는 이 비밀을 숨기기 위해 수많은 행동을 했고, 치료에 오는 것도 비밀이었다. 결국, 가까운 주변인이 참석하는 그룹치료 회기에 Mitch는 당연히 아무도 데려오지 않았지만, 다른 그룹 구성원들이 가까운 주변인으로부터 지원받는 다양한 방식을 관찰했다. 이것은 그에게 계시와 같았고, 그는 처음으로 자신의 회피가 스스로를 고립시키고 가족과 분리시켜 왔다는 것을 깨달았다.

Mitch는 아내와 외식을 하며 모든 것을 알리기로 결심했다(그는 '중요한 얘기가 있다.'고 선언하며 대화를 시작했다. 아내는 무슨 이야기를 기대했을지 정말 모르겠다!). 치료사로서 나는 이 고백이 그동안 가정에서의 역할에 기반한 관계에 안 좋은 영향을 미칠까 봐 걱정이 되었다. Mitch는 스스로 자신을 묘사해 왔던 것처럼 화를 잘 내고, 욕설하며, 쉽게 짜증 내고, 큰 목소리를 내는 사람이 아니었다. 오히려 그는 불안하고, 경계하며, 깊이 두려워하고, 연약하며 이해와 지원이 필요한 사람이었다.

이 경우, 말더듬은 이 부부에게 고요한 세 번째 동반자였다. 말더듬은 일상생활에서 부부의 상호작용에 영향을 미치고 있었다. 결과적으로 부부의 관계는 강한 결실을 맺을 수 있었다. Mitch의 아내는 그의 말더듬을 전혀 인식하지 못하고 있었지만, 이 새로운 이야기를 듣고 Mitch 본연의 자아를 찾는 과정에 적극적으로 참여하였다. 아내는 지지자로서의 새로운 역할을 충분히 수행하였다.

98 지원 그룹

지원 그룹(Support groups)은 자조 그룹(self-help or advocacy groups)으로도 알려져 있다. 말더듬 성인의 대면 모임, 줌 회의 및 오픈채팅방과 같은 온라인 그룹 등 다양한 형태를 포함한다.

지원 그룹의 중요성

이러한 모임은 치료에서 특히 중요한 역할을 한다(Klassen & Kroll, 2005). 특히 말더듬을 '성공적으로 관리'하는 측면에서 중요한 역할을 한다(Plexico, et al., 2005).

지원그룹이 제공하는 것은 무엇일까? 임상을 하다 보면 지원 그룹이 말더듬 성인에게 공감과 격려, 동기 부여 및 공동체 의식을 제공하는 것을 경험한다. 선행 연구에서도 이 이러한 지원 그룹에 속해 있을 때 다양한 이점이 있음을 밝혔다.

Plexico 등(2005)의 연구에서 말더듬 성인은 이렇게 언급했다.

> 지원 시스템은 다른 말더듬 성인과 유대를 쌓고, 자신의 말더듬을 공개하며, 말더듬에 대한 정보를 교환할 기회를 제공했다.

Manning(2001)은 지원 그룹의 효과를 다음과 같이 명시하였다.

- 고립감 감소: 내담자는 아마도 인생에서 처음으로 본인과 같은 문제를 갖고 있는 많은 사람과 함께 있다는 것을 발견할 것이다. 오랫동안 나와 다른 사람과 구분짓게 만들었던 독특한 특징이 이제는 오히려 많은 사람과 연결되고 유대감을 형성하는 기회가 된다는 것을 발견한다(p. 430).
- 치료 후 전략을 연습하고 인지적 변화를 안정시키는 기회를 제공한다(p. 431).
- 개인의 변화를 촉진하고 정보나 조언을 제공한다. 대체 치료법을 논의하거나 지원 그룹의 목표와 관련하여 기금 모금이나 캠페인을 할 수 있다(p. 431).
- 전문가 및 법제화에 관련된 단체를 대상으로 교육을 제공한다.

서비스 제공을 개선하기 위한 '효과적인 목소리'를 낸다(p. 433).

Boyle(2013)는 그의 연구에서 다음과 같이 보고하였다.

지원 그룹 경험이 있는 참가자는 전체적으로 내면화된 낙인(자기 부정적인 관점)이 적었다. 또한 앞으로도 말을 더듬을 것이라고 예상하는 비율이 더 높았다. 다른 사람과 대화할 때 유창하게 말하는 것을 매우 중요하게 여기지 않거나 중간 정도로 중요하게 여겼다. 자신감을 높이고 자존감을 높이기 위해 지원 그룹에 가입한 사람들은 자존감, 자기 효능감 및 삶의 만족도가 더 높고, 내면화된 낙인과 스스로 생각하는 말더듬의 심각도가 낮았다. 연구 결과, 지원 그룹 경험이 있는 말더듬 성인 참여자는 지원 그룹 경험이 없는 참가자보다 자기 자신에 대한 부정적인 태도가 감소하였다. 지원 그룹 환경에서 다른 사람이 더 나아지도록 돕는 경험을 통해 나 자신을 긍정적으로 느끼는 것에 집중하는 것 역시 더 높은 수준의 심리적 안정감을 얻는 데 도움이 되었다.

(p. 368)

Liddle과 Adams(2021)는 자조 그룹이 전통적인 언어치료와 비교할 때 더 다양한 가능성을 제공한다고 하였다.

대개 자조 그룹은 전문 치료서비스보다 더 유연하게 운영된다. 따라서 더욱 폭넓은 활동과 경험을 할 수 있으며, 그룹이 참가자에게 유익한 방식으로 기능할 수 있도록 자율성을 갖는다.

(p. 215)

또한 뛰어난 둔감화 작용, 말더듬 공개하기, 말더듬에 대한 인식을 제고하는 기회를 창출하는 것 등을 자조 그룹의 기능으로 꼽았다. 그들은 자조 그룹과 치료 그룹 간의 주요 차이점, 접근성, 리더십 역할, 대조적인 목표, 임무 및 과정에 대한 문제를 논의했다. 치료사가 수행할 수 있는 가능한 역할(예: 시작자, 컨설턴트, 지지자)과 새로운 자조 그룹을 설립하거나 기존 그룹을 유지하는 방법을 설명했다.

자조 그룹에 참여하는 것은 말더듬을 장기적으로 관리하는 측면에서 너무나도 중요한 부분이다. 언어치료사는 이러한 지원 그룹을 내담자의 중요한 자원으로 인식하고, 지원 그룹을 지원하는 것을 언어치료의 범위에 포함해야 한다. Liddle과 Adams(2021) 연구에서 한 지원 그룹 구성원이 실제 작성한 코멘트를 발췌하여 이 절을 마무리하고자 한다.

> 몇 달 동안 고민하다가 마침내 용기를 내어 자조 그룹 모임에 갔다. 고민했다는 표현으로는 부족하다. 신체적으로 아플 정도였다. 모임에 가기 전, 나는 첫 부분만 잠깐 참석하고 금방 나올 생각이었지만, 예상보다 모임이 훨씬 훌륭해서 저녁 내내 머물렀다. 시간이 금방 지나간 느낌이었다. 모두가 너무 친절하고 서로 돕고 응원하는 분위기였다. 이날의 경험은 내 인생의 중요한 전환점이 되었다.

(p. 225)

99 더 일찍 깨달았더라면 좋았을 것들

책을 쓰면서 나는 동료 언어치료사들의 생각을 물어보았다. 말더듬 성인과 일을 시작할 때 더 일찍 깨달았더라면 좋았을 것이 무엇일지 말이다. 책 곳곳 말풍선에 그들의 대답을 실어 놓았다. 이 마지막 절에서는 이 질문에 대한 나의 답변을 적어 본다.

처음부터 전문가가 되려고 하지 않았더라면 좋았을 것이다. 아직 지식과 경험이 부족한 상황에서는 굳이 아는 척하지 말걸……. 후회가 된다. 내가 무엇을 말해야 할지, 답이 무엇인지, 치료에서 어떤 방향으로 가야 할지 모를 때가 있다. 치료사가 모든 것을 해결해 줘야 한다는 생각을 버리고 말더듬 성인에게 직접 물어볼 수 있다는 것을 알았더라면 좋았을 것이다.

말더듬 성인을 자신의 말더듬에 대한 전문가로 바라보고 그와 협력할 수 있었을 때, 전체 과정이 훨씬 더 잘 진행되는 것을 느꼈다.

더 많이 들었더라면 좋았을 것이다. 말더듬 성인의 이야기를 들으면서 많은 것을 배웠고, 그의 생각과 감정에서 더 많이 이해했으며, 그와 함께 있는 순간에 조용히 있으면서 전문적으로나 개인적으로 많은 것을 얻었다.

(100) 춤

나를 잘 아는 사람들은 내가 춤을 얼마나 사랑하는지 익히 알고 있을 것이다. 지인들은 내가 열정, 기쁨, 자유를 모두 춤으로 표현한다는 것을 알고 있다.

말더듬 분야에서의 나의 작업은 내가 춤을 사랑하는 것과 몇 가지 공통점이 있다. 나는 말더듬에 열정적이다. 나는 말더듬을 이해하고자 하는 욕구가 있으며, 주로 말더듬 성인의 관점에서 말더듬을 이해하고자 한다. 이 글을 쓰면서 말더듬에 대한 말더듬 성인의 인식을 탐구하는 연구가 증가하고 있다는 사실에 놀랐다. 마침내 말더듬 성인이 그 자체로 가치 있는 지식과 경험의 원천으로 인식되고 있다치료사로서, 드디어 나는 내가 어릴 때부터 품어 온 중요한 소명을 펼칠 수 있게 되었다. 다양한 심리학적 접근, 특히 변화의 심리학에 대해 이해하게 된 것은 나의 임상 기술을 향상시키고 이 분야에서의 나를 성장하게 했다. 나는 많은 말더듬 성인의 여정의 일부가 되는 것에서 기쁨을 느꼈다. 그들의 변화 과정에서 내가 역할을 할 수 있도록 허락해 준 모든 사람에게 감사한다.

그리고 마지막으로, 나의 소망.

이제 갓 임상을 시작하는 치료사와 말더듬 분야에서 전문화를 시작하는 사람들을 위해, 나는 두 가지 소망을 전하고자 한다.

자신을 표현하는 자유를 여러분도 느끼기를 바랍니다.

각자의 임상 현장에서 기쁨을 느끼기를 바랍니다.

📖 참고문헌

Beilby, J. M., Byrnes, M. L., Meagher, E. L. & Yaruss, J. S. (2013). The impact of stuttering on adults who stutter and their partners. *Journal of Fluency Disorders, 38*(1), 14-29.

Boberg, E. & Kully, D. (1985). *Comprehensive Stuttering Program.* San Diego: College-Hill Press.

Boberg, J. M. & Boberg, E. (1990). The other side of the block: The stutterer's spouse. *Journal of Fluency Disorders, 15,* 61-75.

Boyle, M. (2013). Psychological characteristics and perceptions of stuttering of adults who stutter with and without support group experience. *Journal of Fluency Disorders, 38*(4), 368-381.

Corcoran, J. A. & Stewart, M. (1998). Stories of stuttering. A qualitative analysis of interview narratives. *Journal of Fluency Disorders, 23,* 247-264.

Hughes, C. D. (2007). *An Investigation of Family Relationships for People Who Stutter.* Master's thesis, Bowling Green State University.

Hughes, S., Gabel, R., Irani, F. & Schlagheck, A. (2010). University students' perception of the life effects of stuttering. *Journal of Communication Disorders, 43*(1), 45-60.

Klassen, T. R. & Kroll, R. M. (2005). Opinions on stuttering and its treatment: A follow-up survey and cross-cultural comparison. *Journal of Speech-Language Pathology & Audiology, 29*(2), 73-82.

Liddle, H. & Adams, B. (2021). Working with self-help groups. In T. Stewart (ed.), *Stammering Resources for Adults and Children: Integrating Evidence into Clinical Practice.* London: Routledge, Taylor & Francis Group.

Linn, G. W. & Caruso, A. J. (1998). Perspectives on the effects of stuttering on the formation and maintenance of intimate relationships. *Journal of Rehabilitation, 64*(3), 12-15.

Manning, W. H. (2001). *Clinical Decision Making in Fluency Disorders,* 2nd edition. Vancouver, Canada: Singular.

Plexico, L., Manning, W. H. & DiLollo, A. (2005). A phenomenological understanding of successful stuttering management. *Journal of Fluency Disorders, 30*, 1-22.

Rolland, J. S. (1994). In sickness and in health: The impact of illness on couples' relationships. *Journal of Marital & Family Therapy, 20*, 327-347.

Turnbull, J. & Stewart, T. (2017). *The Dysfluency Resource Book,* 2nd edition. London: Routledge, Taylor & Francis Group.

1. 수용

1. Acceptance and Action Questionnaire (AAQ-II) Bond, F. W., Hayes, S. C., Baer, R. A., Carpenter, K. M., Orcutt, H. K., Waltz, T. & Zettle, R. D. (2011). Preliminary psychometric properties of the acceptance and action questionnaire-II: A revised measure of psychological inflexibility and experiential avoidance. *Behavior Therapy, 42*, 676-688.

2. 불안

1. Anxiety Inventory. Beck, A. T., Epstein, N., Brown, G. & Steer, R. A. (1988). An inventory for measuring clinical anxiety: Psychometric properties. *Journal of Consulting and Clinical Psychology, 56*, 893-897.

2. Multicomponent Anxiety Inventory e MCAI-IV. Schalling, D., Chronholm, B., Asberg, M. & Espmark, S. (1973). Ratings of psychic and somatic anxiety indicants: Interrater reliability and relations to personality variables. *Acta Psychiatrica Scandinavia, 49*, 353-368.

3. State-Trait Anxiety Inventory. Spielberger, C. D., Gorssuch, R. L., Lushene, P. R., Vagg, P. R. & Jacobs, G. A. (1983). *Manual for the State-Trait Anxiety Inventory.* Palo Alto, CA: Consulting Psychologists Press.

4. Social phobia and anxiety inventory. Turner, S. M., Beidel, D. C. & Dancu, C. V. (1996). *SPAI: Social Phobia and Anxiety Inventory*

Manual. New York, NY: Multi-Health Systems Inc.

5. Social Phobia and Anxiety Inventory. Rodebaugh, T. L., Chambless, D. L., Terrill, D. R., Floyd, M. & Uhde, T. (2000). Convergent, discriminant, and criterion-related validity of the Social Phobia and Anxiety Inventory. *Depression & Anxiety, 11*, 10-14.

3. 우울

1. Beck Depression Inventory. Beck, A. T., Steer, R. A. & Garbin, M. G. (1988). Psychometric properties of the Beck Depression Inventory: Twenty-five years of evaluation. *Clinical Psychology Review, 8*(1), 77-100. 2. Beck Depression Inventory-II.

2. Beck, A. T. (1996). *The Beck Depression Inventory-II.* San Antonio, TX: Psychological Corporation.

4. 통제 위치

1. Locus of Control Scale. Craig, A., Franklin, J. & Andrews, G. (1984). A scale to measure locus of control of behaviour. *British Journal of Medical Psychology, 57*, 173-180.

5. 변화에 대한 준비

1. Readiness to change. McConnaughy, E. A., Prochaska, J. O. & Velicer, W. F. (1983). Stages of change in psychotherapy: Measurement and sample profiles. *Psychotherapy: Theory, Research & Practice, 20*, 368-375.

6. 중증도 평가

1. SSI-4. Riley, G. D. (2009). *Stuttering Severity Instrument for Children and Adults* (SSI-4), 4th edition. Austin, TX: Pro-Ed, Inc.

2. S24 scale. Andrews, G. & Cutler, J. (1974). S-24 Scale-Stuttering therapy: The relations between changes in symptom level and

attitudes. *Journal of Speech & Hearing Disorders, 39,* 312-319.

7. 화자의 말더듬 경험

1. Perceptions of Stuttering Inventory. Woolf, G. (1967). The assessment of stuttering as struggle, avoidance and expectancy. *British Journal of Disorders Communication, 2,* 158-171.

2. Stuttering Self-Rating Profile (WASSP) Wright, L. & Ayre, A. (2000). *Stuttering Self-Rating Profile.* Bicester, UK: Winslow Press.

3. (OASES) Yaruss, J. S. & Quesal, R. W. (2006). Overall assessment of the speaker's experience of stuttering: Documenting multiple outcomes in stuttering treatment. *Journal of Fluency Disorders, 31,* 90-115.

4. Satisfaction with Communication in Everyday Speaking Situations scale. Karimi, H., Onslow, M., Jones, M., O'Brian, S., Packman, A., Menzies, R., Reilly, S., Sommer, M. & Jelcic-Jaksic, S. (2018). The Satisfaction with Communication in Everyday Speaking Situations (SCESS) scale: An overarching outcome measure of treatment effect. *Journal of Fluency Disorders, 58,* 77-85.

8. 생각/인지

1. Fear of Negative Evaluation Scale. Leary, M. R. (1983). A brief version of the Fear of Negative Evaluation Scale. *Personality & Social Psychology Bulletin, 9,* 371-375.

2. Social Avoidance and Distress and Fear of Negative Evaluation Scales. Turner, S. M., McCanna, M. & Beidel, D. C. (1987). Validity of the Social Avoidance and Distress and Fear of Negative Evaluation Scales. *Behaviour Research & Therapy, 25,* 113-115.

3. Unhelpful Thoughts and Beliefs About Stuttering. St Clare, T., Menzies, R., Onslow, M., Packman, A., Thompson, R. & Block, S. (2009). Unhelpful thoughts and beliefs linked to social anxiety in

stuttering: Development of a measure. *International Journal of Language and Communication Disorders, 44*(3), 338-351.

4. A Brief Version of the Unhelpful Thoughts and Beliefs about Stuttering Scales: The UTBAS-6. Iverach, L., Heard, R., Menzies, R., Lowe, R., O 'Brian, S., Packman, A. & Onslow, M. (2016). *Journal of Speech, Language, & Hearing Research, 59*(5), 964-972.

9. 기타

1. Stuttering Assessment. Crowe, T. A., Di Lollo, A. & Crowe, B. T. (2000). *Crowe's Protocols: A Comprehensive Guide to Stuttering Assessment.* San Antonio, TX: The Psychological Corporation.

2. Psychological Assessment. Groth-Marnat, G. (1990). *The Handbook of Psychological Assessment,* 2nd edition. New York: John Wiley & Sons.

부록 2

인지 재구조화:
도움이 되지 않는 생각을 관리하는 방법

〈도움이 되지 않는 생각〉

_____

1. 이 생각에 대한 증거가 있나요?

_____

2. 이 생각에 반대되는 증거가 있나요?

_____

3. 친구가 이런 생각을 한다면 어떻게 도와줄 건가요?

_____

4. 가장 차분하고 합리적이며 언제나 내 편인 친구나 가족 구성원이
   이 생각에 어떻게 반응할까요? 그가 뭐라고 말할까요?

_____

5. 당신이 통제할 수 없는 결과에 대해 걱정하고 있나요? 이런 걱정
   에 어떤 의미가 있나요?

_____

6. 이 생각이 당신에게 어떤 영향을 미치나요? 당신을 어떻게 느끼게 하나요? 이 생각이 어떤 면에서 도움이 되나요, 아니면 단지 괴로울 뿐인가요?

_____

7. 만약 이 생각을 포기하면 어떤 좋은 점이 있을까요? 이 생각을 믿지 않는다면 당신의 삶이 어떻게 달라질까요?

_____

8. 이 생각이 사실이라면 최악의 결과는 무엇인가요? 그것이 당신이 생각하는 만큼 심각한 결과인가요?

_____

(Menzies et al., 2009)

〈말더듬에 도움이 되지 않는 생각과 믿음(Statements In The Unhelpful Thoughts And Beliefs About Stuttering: UTBAS) 평가 척도(St Clare et al., 2009)〉

1. 내 말더듬 때문에 사람들이 내 능력을 의심할 것이다.
2. 말을 더듬으면 인생에서 성공하는 것은 불가능하다.
3. 말을 더듬으면 직장 생활을 유지할 수 없을 것이다.
4. 말더듬은 내 잘못이다. 내가 말을 더듬지 않게 통제할 수 있어야 한다.
5. 나는 말을 더듬기 때문에 약자이다.
6. 말을 더듬기 때문에 아무도 나를 좋아하지 않을 것이다.

7. 나는 말을 더듬을지도 모른다.

8. 사람들은 내가 하는 모든 말에 집중한다.

9. 나는 무능하다.

10. 말을 더듬는 사람을 사랑하는 사람은 없을 것이다.

11. 나는 말을 더듬을 것이다.

12. 방 안에 있는 모든 사람이 내가 말을 더듬는 것을 들을 것이다.

13. 나는 어리석다.

14. 말을 더듬으면 다른 사람들은 내가 어리석다고 생각할 것이다.

15. 나는 말더듬 때문에 절대 성공하지 못할 것이다.

16. 나는 다른 사람의 질문에 대답할 수 없을 것이다.

17. 나는 희망이 없다.

18. 나는 직장에서 쓸모가 없다.

19. 사람들은 내가 말을 더듬기 때문에 내가 무능하다고 생각할 것이다.

20. 완전히 말이 막히고 말을 할 수 없을 것이다.

21. 모든 사람들이 내가 바보라고 생각할 것이다.

22. 나는 권위 있는 사람들과 말할 수 없다.

23. 사람들은 내가 이상하다고 생각할 것이다.

24. 사람들은 내가 국어를 못한다고 생각할 것이다.

25. 아무도 말더듬는 사람과 관계를 맺고 싶어 하지 않을 것이다.

26. 나는 말을 더듬기 때문에 명확하게 생각할 수 없다.

27. 나는 공격적인 사람들과 말할 수 없다.

28. 사람들은 내가 의견이 없다고 생각할 것이다.

29. 사람들은 내가 할 말이 없어서 지루하다고 생각할 것이다.

30. 내가 말이 막히면 사람들은 내가 지능이 떨어진다고 생각할 것이다.

31. 나는 이 사람들을 마주할 수 없다.

32. 사람들은 내가 말을 더듬으면 무슨 문제가 있는지 궁금해할 것이다.

33. 내 의견에 동의하지 않는 사람들은 나를 어떻게 생각할까?

34. 대부분의 사람들은 말더듬는 사람을 능력이 부족하다고 본다.

35. 나는 가고 싶지 않다—사람들은 나를 좋아하지 않을 것이다.

36. 내 멈춤이 너무 길다—사람들이 내가 이상하다고 생각할 것이다.

37. 나는 말을 할 수 없기 때문에 사람들이 나를 좋아하지 않을 것이다.

38. 나는 말을 더듬기 때문에 사람들을 설득할 수 없다.

39. 내가 말을 더듬으면 사람들이 내가 지능이 떨어진다고 생각할 것이다.

40. 나는 막힐 것이다—나는 그렇게 될 것을 알고 있다.

41. 나는 바보가 될 것이다.

42. 사람들이 내가 말을 꺼내는 것을 기다리는 것에 지칠 것이다.

43. 사람들은 내가 말하는 것을 그렇게 오래 기다려야 할 필요가 없다.

44. 나는 항상 대화 상대방을 당황스럽게 한다.

45. 사람들은 내가 말을 더듬기 때문에 의심스러워하고 내가 뭔가 숨기고 있다고 생각한다.

46. 사람들은 내가 가치 없다고 생각할 것이다.

47. 나는 스스로를 당황하게 할 것이다.

48. 나는 성적으로 매력적인 사람들과 말할 수 없다.

49. 아무도 내가 말하려는 것을 이해하지 못할 것이다.

50. 말하려고 시도하는 것조차 무슨 소용이 있는가—제대로 나오지 않는다.

51. 나는 내가 하고 싶은 말을 정확히 할 수 없을 것이다.

52. 내가 어려운 단어를 피하기 때문에 모두가 내가 단순하거나 어리석다고 생각할 것이다.

53. 나는 모두의 대화를 더디게 한다.

54. 내가 말을 시작할 때 모두가 그것을 싫어한다.

55. 나는 절대 전화를 받을 수 없다.

56. 나는 내가 원하는 것을 요청할 수 없을 것이다.

57. 전화 반대편의 사람이 전화를 끊을 것이다.

58. 사람들이 나를 비웃을 것이다.

59. 사람들은 내가 벙어리라고 생각할 것이다.

60. 나는 내 요점을 끝내지 못할 것이다—사람들이 나를 오해할 것이다.

61. 내가 막히면 자동 응답기 제한 시간이 끝날 것이다—나는 메시지를 남길 수 없을 것이다.

62. 내가 막히면 사람들은 장난 전화라고 생각할 것이다.

63. 나는 전화를 받을 때 '여보세요.'라고 말할 수 없을 것이다.

64. 말더듬는 사람들은 어리석다.

65. 말더듬는 사람들은 무능하다.

66. 말더듬는 사람들은 지루하다.

찾아보기

저자 소개

Trudy Stewart

Trudy Stewart는 언어치료 컨설턴트로 일했으며, 영국 글래스고대학교, 미국 미시간주립대학교, 영국 리즈대학교에서 공부했다. 약 40년 동안 영국에서 말더듬 아동 및 성인과 함께 일했고, 마지막으로 영국 리즈에 있는 말더듬지원센터에서 임상 책임자로 근무했다. 영국, 유럽, 스리랑카의 학부, 대학원, 전문 과정에서 언어치료사를 가르쳤으며, 유럽 유창성장애 전문화 과정(European Clinical Specialisation in Fluency Disorders: ECSF)에도 참여했다. 그녀는 언어치료 임상가로서 연구를 수행하고 국제 학회에서 발표했으며, 여러 말더듬 관련 서적을 저술했다. 최근에는 〈'Unspoken' Pride〉라는 제목의 말더듬에 관한 연극을 공동 집필하고 연출했다.

역자 소개

황윤경(Hwang Yun Kyung)
미국 유타대학교 언어학 학사
연세대학교 언어병리학 박사
전 연세의료원 신촌 세브란스
현 더숲언어심리상담센터 센터장
    한림대학교 언어병리청각학과 겸임 교수
    한림국제대학원대학교 언어치료학과 겸임 교수
    용인대학교 언어치료학과 겸임 교수

조명기(Cho Myung Ki)
연세대학교 노어노문학 학사
연세대학교 언어병리학 석사
전 연세의료원 강남 세브란스
    한양대학교병원
    분당제생병원
현 연세언어정원 언어심리센터 대표

성인 말더듬치료 핵심 포인트 100
NAVIGATING ADULT STAMMERING

2025년   3월   5일 1판 1쇄 인쇄
2025년   3월 15일 1판 1쇄 발행

지은이 • Trudy Stewart
옮긴이 • 황윤경 · 조명기
펴낸이 • 김진환
펴낸곳 • ㈜ **학지사**
　　　　　04031 서울특별시 마포구 양화로 15길 20 마인드월드빌딩
대표전화 • 02-330-5114　　팩스 • 02-324-2345
등록번호 • 제313-2006-000265호

홈페이지 • http://www.hakjisa.co.kr
인스타그램 • https://www.instagram.com/hakjisabook

ISBN 978-89-997-3325-3 03370

정가 16,000원

출판미디어기업 학지사

간호보건의학출판 **학지사메디컬** www.hakjisamd.co.kr
심리검사연구소 **인싸이트** www.inpsyt.co.kr
학술논문서비스 **뉴논문** www.newnonmun.com
교육연수원 **카운피아** www.counpia.com
대학교재전자책플랫폼 **캠퍼스북** www.campusbook.co.kr